Alexander Brückner

Possoschkows Ansichten über das Heerwesen

Ein Beitrag zur Geschichte der Militärfrage

Alexander Brückner

Possoschkows Ansichten über das Heerwesen
Ein Beitrag zur Geschichte der Militärfrage

ISBN/EAN: 9783743625006

Hergestellt in Europa, USA, Kanada, Australien, Japan

Cover: Foto ©Suzi / pixelio.de

Manufactured and distributed by brebook publishing software (www.brebook.com)

Alexander Brückner

Possoschkows Ansichten über das Heerwesen

Poſſoſchkow's Anſichten über das Heerweſen.
Ein Beitrag zur Geſchichte der Militärfrage.

Wenn die neue Zeit ſich von dem Mittelalter weſentlich durch große Veränderungen unterſcheidet, welche mit der Staatsidee vorgingen, ſo muß es natürlich erſcheinen, wenn mit der Erweiterung der Zwecke des Staats auch die Mittel deſſelben ſich vermehrten und entwickelten. Von den neuen Rechten war eine ganze Reihe von Pflichten unzertrennlich und zur Erfüllung dieſer bedurfte es einer Schnell- und Stoßkraft der ſtaatlichen Machtmittel, von denen frühere Zeiten keine Ahnung hatten. Als ſcharf abgegrenzte Staatskörper treten die verſchiedenen Factoren in dem europäiſchen Gleichgewichtsſyſtem einander gegenüber. Jeder hatte die Verantwortung für die Wahrung ſeiner individuellen Freiheit, ſeiner ſouverainen Macht, und Jeder mußte darauf ſinnen, allen möglichen Vorkommniſſen gut gerüſtet begegnen zu können. So kam es, daß in neuerer und neueſter Zeit ganz Europa, auch im tiefſten Frieden, bis an die Zähne bewaffnet daſteht, ſo war es unvermeidlich, daß in den wunderbar anſchwellenden Budgets, namentlich die Militärbudgets lawinenmäßig wuchſen, und in neueſter Zeit vielfach zu den allerſchwerſten Aufgaben gehörten, welche den Gegenſtand der Kammerverhandlungen in den conſtitutionellen Staaten ausmachten. „Willſt du den Frieden, ſo rüſte den Krieg," iſt eine der modernen Politik ganz geläufige Gedankenreihe, und was das für den

1

Staats- und Volkshaushalt bedeuten will, zeigt die Notiz, daß das Militär von der Einnahme der europäischen Staaten etwas über 37 Procent zu verschlingen pflegt. Von dem mittelalterlichen Heerbann und den mittelalterlichen Lehnstruppen zu den Söldnerbanden war ein gewaltiger Schritt von unberechenbarer Tragweite, und wiederum von den Söldnerbanden zu den Conscriptionen und der Organisation der Landwehr im größten Stil ein zweiter von nicht geringerer Bedeutung. Die Zahl und die Kostspieligkeit der Soldaten nahmen immer zu, bis man zuletzt bei den Hunderttausenden von Soldaten und den vielen Millionen von Thalern, die sie verschlingen, anlangte. „Heut zu Tage," sagt Napoleon III. in einem seiner militärwissenschaftlichen Aufsätze, den er unter dem Titel: „Gesetzvorschläge zur Recrutirung der Armee," im Jahre 1843 ausarbeitete, „genügt es nicht mehr für eine Nation, einige hundert mit Eisen bepanzerte Ritter oder einige tausend Condottieri und Miethsoldaten zu haben, um ihren Rang und ihre Unabhängigkeit zu behaupten; sie braucht Millionen bewaffneter Männer, denn wenn der Krieg ausbricht, stoßen die Nationen in Massen auf einander, und wenn auch das Genie des Feldherrn und die Bravour der Truppen den Sieg entscheiden, so ist es doch nur die Organisation, welche nach einer Niederlage zu widerstehen vermag und das Vaterland errettet. Einer Nation fehlt es niemals an Menschen, selbst nach den unglücklichsten Kriegen; aber oft fehlt es ihr an Soldaten." Thatsachen und Zahlen beweisen, daß jahrhundertelange Praxis diesen Ansichten vollkommen entsprach. Noch am Anfange des siebenzehnten Jahrhunderts hatte Frankreich ein stehendes Heer von nur 8—14,000 Mann, am Anfange des achtzehnten Jahrhunderts England eines von 16,000 Mann, und Friedrich der Große fand bei seiner Thronbesteigung die verhältnißmäßig bescheidene Zahl von 76,000 Mann Soldaten in Preußen vor. Jetzt beträgt der von dem Effectivstande allerdings zu unterscheidende Formationsstand der stehenden Heere: in Frankreich 570,000 Mann, in England 230,000 Mann und in Preußen 400,000 Mann*).

Die in kolossalen Dimensionen sich steigernden Opfer der Gesellschaft, welche einer solchen Entwickelung gebracht werden mußten, ließen die „Militärfrage" entstehen. Die Steuerfähigkeit mußte auf das äußerste ausgebeutet werden, eine Menge von Kriegsfrohnden lastete auf der Gesellschaft, die Recrutirung ist das furchtbare Gespenst geworden, welches die Ruhe

---

*) f. Kolb, Handbuch der vergleichenden Statistik. 1860. S. 378.

des Familienlebens stört, und es entstand eine Kluft zwischen dem Soldatenstande und den übrigen Gruppen der Gesellschaft.

Es war nicht anders möglich, als daß der abstracte Ideengang der Politik mit den socialen Verhältnissen in Conflict gerieth. Eine Reihe von Controversen sind der Gegenstand der heftigsten Debatte in der Publicistik und in den Parlamenten geworden, und die Leidenschaftlichkeit, mit welcher die verschiedenen Ansichten einander bekämpfen und einander ausschließen, läßt nicht so bald eine Lösung der Militärfrage erwarten. „Stehende Heere sind die Grund- und Ecksteine der Staaten," behauptete der preußische General v. Boyen, während ein Abgeordneter auf dem kurhessischen Landtage einst sagte: „die stehenden Heere sind der große Hanswurst, welcher zuckt und ficht, wenn ein kindischer Fürst am Fädchen zieht. Sie sind der Bandwurm, der sich in den Eingeweiden des Staats erzeugt hat, von dessen besten Säften sich nährt, und den Staat wie das Volksleben bleich und kränkelnd gemacht hat"). Während die Staaten auf die unbedingte Nothwendigkeit eines enormen Aufwandes für das Heerwesen hinzuweisen pflegen, stellt der Statistiker Reden die Berechnung auf, daß den Geschäften des Friedens durch die Entziehung von 4 Millionen Menschen, die den Effectivbestand der europäischen Heere ausmachen, ein Werth von mindestens 240 Millionen Thalern entgehe, was halb soviel sei, als die gesammte Jahresausgabe Europas auf die Staatsschuld.

Freilich verhalten sich die verschiedenen Stände zu der Militärfrage verschieden; Der bekannte Militärschriftsteller Rüstow beweist in seiner Broschüre „die preußische Armee und die Junker"**), daß der vierte Theil des gesammten preußischen Adels vom Militärbudget lebe, und daß demzufolge die Armee in Preußen die Bezeichnung einer Adelsversorgungsanstalt verdient. Dagegen berechnet Schulz-Bodmer in seinen Untersuchungen über die Militärfrage, daß jeder Ausgehobene sich durchschnittlich, um mindestens 200 Frcn. im Jahre verkürzt sehe***).

Stehende Armeen sollen zum Schutze des Landes dienen; man hat sie deshalb die Strebepfeiler und Grundmauern der Staaten genannt; sie sind im Laufe der Zeit die conservativen Hauptelemente des modernen

---

*) S. Was wir wissen müssen. Enthüllungen preußischer Zustände. IV. Zopf und Schwert im „Staate der Intelligenz." Berlin 1861. S. 9.

**) Hamburg. 1862. S. 14—20.

***) Selbst Napoleon I. räumte ein, daß seine Soldaten, die 6 Sous erhielten, zu Hause 30—40 verdienen könnten.

Staats geworden; aber vielfache Beispiele zeigen, daß eben dadurch manche Gefahren heraufbeschworen wurden, welche in frühern Zeiten unbekannt waren. „Wer die eigenthümlichen innern Verhältnisse in Preußens Heer genauer beobachtet hat," sagt H. v. Steinbach, „der muß im höchsten Grade Sanguiniker sein, wenn er ohne Besorgniß auf das Damoklesschwert schauen kann, wie es in seiner Armee auf Preußens junge Freiheit herniederblitzt,"*) und der Umstand, daß die Heere oft genug vollkommen willenlose Werkzeuge Einzelner waren, ließ schon Mirabeau den leidenschaftlichen Ausspruch thun, daß Viele „die Uniform, die sie tragen, zu einer Livree erniedrigen, ohne eine Ahnung davon zu haben, daß es das erniedrigendste, hassenswertheste und verabscheuungswertheste Handwerk ist, der Waffenknecht eines unbeschränkten Herrn, der Kerker- und Zuchtmeister seiner Brüder zu sein."

So mußte denn die Militärfrage eine der brennendsten Fragen der Gegenwart werden, und namentlich in Bezug auf Preußen, wo der Staat, wie wohl gesagt worden ist, es verstanden hat, „die Begeisterung in Uniform zu stecken und den Enthusiasmus mit Achselklappen zu versehen," ist in neuester Zeit die Aeußerung gethan worden, daß es keine staatliche Einrichtung gebe, welche tiefer eingriffe in die wirthschaftlichen Verhältnisse und schädlicher einwirkte auf das Wohl des gesammten Volkes als die Heereseinrichtung, daß sie eine Fortsetzung sei der alten Hörigkeit, daß sie ein in die Form des Gesetzes gekleidetes System des täglichen Raubes genannt werden könne u. dgl. m.**). Ja es ist zugleich der Versuch gemacht worden darzuthun, daß, obgleich „jeder Knopf an der Uniform Tausende koste,"***) Preußen z. B. gar nicht einmal auf einen Krieg eingerichtet sei, daß die Truppen mehr mit Dingen für den Parade- und Kasernendienst versehen seien als für den Krieg und daß der Bedarf für das Heer sich noch immer steigere.

Bei der großen Bedeutung dieser Fragen in den westlichen Staaten war es unmöglich, daß Rußland nicht auch davon ergriffen wurde. Je eifriger es im Laufe der letzten zwei oder drei Jahrhunderte bemüht war an den allgemein europäischen Angelegenheiten Theil zu nehmen, desto mehr

---
*) Der Geist der preußischen Armee von H. v. Steinbach, Leipzig 1861. S. 7.
**) G. Fr. Kolb, die Nachtheile des stehenden Heerwesens. 1862. S. 8 ff.
***) Worte des Abgeordneten Ammon in der Kammer zu Berlin.

war es verpflichtet sich auch für den Wettlauf in Bezug auf stehende Heere und militärische Organisation zu rüsten. Es mußte Alles an Alles setzen, um auch in dieser Beziehung mittelalterliche Institutionen mit modernen zu vertauschen, bei dem Westen in die Schule zu gehen, und nach allen Richtungen hin den Anforderungen der Zeit Genüge zu leisten. Die ganze moderne Stellung Rußlands in der Reihe der europäischen Staaten war davon abhängig, wie weit seine militärische Tüchtigkeit Rußland als ebenbürtig seinen Nachbarn zur Seite, seinen Feinden gegenüberstellte. Es handelte sich um ganz neue Organisationen.

Und besonders in der Zeit Peters des Großen war diese Frage von Wichtigkeit. Die auswärtige Politik beschäftigte Rußland nach zwei entgegengesetzten Richtungen. Im Nordwesten galt es festen Fuß zu fassen an der Ostsee, im Südosten am schwarzen Meere. Die ganze Bedeutung der orientalischen und der baltischen Frage trat in diesen Zeilen hervor. Hier hatte man es zu thun mit kriegsgeübten Heeren und Feldherren, die auf der Höhe der damaligen Taktik in Europa sich befanden, dort zum Theil mit Nomaden, deren Einfälle und Kriegführung dem beweglichen Flugsande zu vergleichen waren. Zunächst galt es dort durch moderne Institutionen im Heerwesen den erfahrenen Gegnern gewachsen zu sein, hier durch dieselben überlegen zu werden und zu imponiren; sodann mußte man darauf bedacht sein in folgerichtiger Entwickelung hier, nach Asien hin, einen Damm aufzubauen gegen die fluctuirenden Massen, eine Militairgrenze zu errichten; dort — Eroberungen zu machen, sich immer weiter, wie ein Keil, nach Europa vorzudrängen. Für beides bedurfte man straffer Organisationen und durchgreifender Reformen: nach dieser Richtung hin war es am schlagendsten deutlich, daß die mittelalterliche Heereseinrichtung unzulänglich war. Jahrzehnte lang dauerte dieser Uebergang, welcher unter Alexei Michailowitsch bedeutender hervortritt, unter Peter dem Großen aber erst zu einem gewissen Abschlusse kommt. Die auswärtigen Kriege, welche Rußland in diesen Jahrzehnten gegen Polen, Schweden, Tataren u. s. f. zu führen hatte, waren eine Schule, und besonders die darin erlittenen Niederlagen waren geeignet, Jedem die Ueberzeugung von der Nothwendigkeit weitern Lernens zu verleihen. Der gewaltige Organisator nimmt auch hier eine recht moderne Stellung ein.

So folgenschwere Vorgänge mußten nothwendig die Aufmerksamkeit des Publikums erregen. Schon die vielen Ausländer, welche im russischen Heere dienten und auch in dieser Beziehung ausländische Formen und

Neuerungen mitbrachten, gaben Anlaß zu mancher Gedankenreihe, welche den Reformen nicht günstig sein mochte. Das Nationalgefühl mochte vielfach dadurch verletzt sein, daß man die Vertheidigung des Vaterlandes größtentheils Fremden anheimgestellt sah. Sodann erforderten die neuen Einrichtungen im Heerwesen große Opfer von Seiten der Gesellschaft; die immer kolossaler anschwellende Zahl der Soldaten und das Wachsen des Militairbudgets konnten den verschiedenen Gruppen des russischen Volkes nicht gleichgültig sein; man mochte es schwer genug empfinden, daß man auch hierin sich in ganz moderner Richtung fortbewegte und daß der athemlose Wettlauf mit anderen Staaten und Völkern ungewöhnliche Anstrengungen erheischte. Endlich aber konnten selbst die Massen den großen politischen Ereignissen gegenüber nicht stumpf bleiben. Man mußte ein Gefühl davon haben, daß Rußland ein hohes Spiel spielte, daß seine welthistorische Rolle jetzt mehr als je früher auf die Spitze des Schwerts gestellt war. Siege und Niederlagen folgten einander in raschem Wechsel. Keiner mochte da solchen Staatsactionen seine Theilnahme versagen; Nationalhaß und Racenhaß mochte dieselbe erhöhen, und selbst in den tieferen Schichten der Gesellschaft mochte damals die auswärtige Politik mehr als sonst oft der Gegenstand vielen Nachdenkens, mancher Wünsche, Befürchtungen und Hoffnungen werden. Der Eroberungsgeist Peters mußte einigen Widerhall finden bei dessen Unterthanen, der kühne Adlerflug seiner politischen Pläne Manchen hinreißen zu schwungvollen Reflexionen über Rußlands Ziele und die Mittel, sie zu erreichen.

Auch in dieser Beziehung halten wir es für würdig, den Mann aus dem Volke, Jwan Pofsoschkow,*) zu vernehmen. Er hat in seiner schriftstellerischen Thätigkeit zweimal in seinem Leben Gelegenheit gehabt ausführlich sich über Rußland's Wehrkraft auszusprechen. Das erste Mal geschah es in einem ausführlichen Memoire „über Kriegsangelegenheiten" (о ратномъ поведения), welches er bereits im Jahre 1701 an den Bojaren Fedor Alexejewitsch Golowin richtete; das zweite Mal — in einem diesem Gegenstande eigens gewidmeten Abschnitte seines an Peter den Großen gerichteten Werkes „Ueber Armuth und Reichthum." (Es ist der zweite Abschnitt: о воинскихъ дѣлахъ.)

Auch hier, wie bei vielen andern Stellen seiner Schriften, macht Pofsoschkow den Eindruck eines bescheidenen und liebenswürdigen Dilettanten und den eines Fachmanns zugleich. Wir finden ihn auch hier nicht ohne

---

*) Vergl. Balt. Monatsschr. 1862. Juli, Aug., Oct., Nov.

Vorurtheile, aber doch auch wieder oft genug durchaus auf der Höhe des Gegenstandes. Auch hier nimmt er jene merkwürdige Mittelstellung zwischen dem Nationalen und Kosmopolitischen ein. Er empfindet national, indem er hier ausdrucksvoller als sonst oft sein Mißtrauen gegen die Ausländer in den Vordergrund stellt. Er vertritt die kosmopolitische Richtung, indem er in seinen Ansichten durchaus modern ist und den Wunsch hat anderen Nationen nachzueifern. Er vereinigt in sich zugleich die alte Zeit und die neue, indem er einerseits von den Massenwirkungen großer stehender Heere nicht so viel erwartet, als von der Kraft und Gewandheit der einzelnen Krieger; und andrerseits, indem er Rußland mit allen Mitteln der neuen Technik ausgestattet wünscht. Er vertritt durchaus mehr die neuen Richtungen der Kriegskunst, indem er viel Gewicht legt auf die Feuerwaffe und jede nur erdenkliche Vervollkommnung des Artilleriewesens erstrebt. Durchaus reformatorisch gesinnt, verlacht er die frühere Weise der Kriegführung, und nimmt gerne die Gelegenheit wahr, Rußlands Niederlagen in ihrer ganzen Schmach darzustellen und dadurch die Nothwendigkeit neuer Organisationen zu begründen.

So verdient denn Pososchkow Beachtung auch als Militärschriftsteller. Seine dahineinschlagenden Ausführungen mögen von nicht geringerem Werthe sein, als das Beste, was die Publicistik in der neuesten Zeit, etwa in Preußen, hervorgebracht hat. Sie machen durchaus den Eindruck von politischen Broschüren, wie dieselben in großer Zahl von der „Militärfrage" in neuester Zeit veranlaßt wurden; sie berühren die brennendsten Fragen des Verhältnisses zwischen Staat und Gesellschaft, wie diese. Er vertritt die Pläne der Regierung und zugleich die Interessen der Regierten, und ist, mit modernem Ausdrucke zu reden, ministeriell und oppositionell zugleich. Er ist jenes, indem er die Vervollkommnung der Technik bis zur äußersten Grenze verlangt, und dieses, indem er auf die Möglichkeit von Ersparnissen hinweist. Er ist jenes, indem er eigentlich sich recht entschieden gegen das Institut der Landwehr ausspricht, dieses, indem er den Menschenverbrauch zu beschränken bemüht ist. Ministeriell kann er genannt werden, weil er alles im größten Stil eingerichtet wissen will, und ein für die damalige Zeit bedeutendes Militärbudget entwirft, und oppositionell, indem er mit größter Entschiedenheit darauf bringt, daß der Soldat wirthschaftlich viel besser gestellt werde. Er ist jenes endlich, indem er ein stehendes Heer will, und zugleich dieses, indem er dringend verlangt, daß die Gesellschaft vor den Brutalitäten der Soldateska geschützt sei.

Iwan Possoschkow hatte viel erlebt und erfahren. Er hatte unter sich her die größten Katastrophen und die wichtigsten Erfolge Rußlands in der auswärtigen Politik vorgehen sehen. Daß er mehr davon berührt wurde, als mancher Andere, ist aus seinem Patriotismus leicht erklärlich, daß er ein Urtheil darüber zu fällen wünschte, in seiner theilweisen Sachkenntniß begründet. Die Schmach Galizyns in den verunglückten Krim-Feldzügen muß zu seinen Jugenderinnerungen gehört haben, in reiferem Mannesalter erlebte er die Niederlage bei Narwa. Die bald darauf folgende Siegeslaufbahn Peters des Großen im nordischen Kriege, der Sieg bei Poltawa und der günstig abgeschlossene Friede mit Schweden müssen geeignet gewesen sein, ihn die ganze Bedeutung der neuen Heeresorganisation erkennen zu lassen. Er war gewohnt, den öffentlichen Fragen mit der wärmsten Theilnahme zu folgen, er hatte für das Praktische offenere Augen, als mancher Andere, seine technische Fertigkeit beim Herstellen von Kriegsgeräth brachte ihn mit dem Zaren selbst in unmittelbare Berührung, sein wirthschaftlicher Sinn befähigte ihn die finanzielle Seite der Militärfrage genau ins Auge zu fassen. So war er denn durch mancherlei günstige Verhältnisse berufen, auch in dieser Angelegenheit seine Stimme zu erheben und als Publicist aufzutreten.

Zwischen seinem an den Bojaren Golowin gerichteten Memoire und der an Peter den Großen gerichteten umfassenden Schrift liegen zwanzig Jahre. So viel sich in dieser Zeit auch begeben hatte, wir finden nicht, daß er Veranlassung gehabt hätte seine Ansichten wesentlich zu ändern. Es ist in den Hauptpunkten eine große Uebereinstimmung der beiden Schriften wahrzunehmen, und wir werden deshalb dieselben zusammenfassend betrachten.

Das Schreiben an Golowin beginnt mit vielen Phrasen und Bitten um Nachsicht, daß er, der geringe Mann, sich erdreiste über so hohe und wichtige Dinge zu schreiben. Aber eben die Wichtigkeit der Sache läßt ihn nicht ruhen und treibt ihn seine Meinung zu sagen. Im Jahre 1701 bestand noch das alte System im Wesentlichen fort. Die Reformen Peters in Bezug auf die Kriegsverfassung waren erst zum kleinen Theile ins Leben getreten. Auf die Unhaltbarkeit dieses alten Systems weist er mit schonungslosem Spotte hin. Er schreibt:

„Gnädiger Herr; wenn man sich des frühern Kriegsdienstes erinnert: der Himmel weiß, wie es da herging! Man jagt eine Masse Menschen zum Dienste zusammen, und wenn man diese Leute genauer betrachtet, so muß man begreifen, daß man mit ihnen nichts Anderes ausrichten kann, als Schande einernten. Das Fußvolk hatte schlechte Waffen, und dazu verstanden diese Leute gar nicht damit umzugehen. Bei den Russen gab es immer drei oder vier Todte auf einen getödteten Ausländer, statt daß es umgekehrt hätte sein müssen. Und wenn man nun gar erst die Reiterei ansah, so war es erst recht eine Schande, ohne daß man sie mit der ausländischen zu vergleichen brauchte. Erstens hatte sie jämmerliche Klepper, zweitens ganz stumpfe Säbel, und drittens waren die Reiter selbst ganz abgerissen, litten an allem Mangel, und verstanden nicht mit den Waffen umzugehen. Wahrhaftig, gnädiger Herr, ich habe gesehen, daß mancher Edelmann nicht einmal sein Gewehr zu laden verstand, geschweige denn, daß er ins Ziel schießen konnte. Wozu nützen solche Heere, auch wenn sie zahlreich sind? Womit soll man sie vergleichen? Es ist schrecklich zu sagen, aber man kann sie mit nichts Anderem vergleichen, als mit einer Blehheerde. Haben sie es einmal so weit gebracht, daß sie zwei bis drei Tataren zu Boden gestreckt haben, so sind Alle erstaunt und wundern sich über die Maßen und rechnen es sich zu großem Lobe an; und wenn sie bei der Gelegenheit auch hundert Mann von den Ihrigen verloren haben, so achten sie das für nichts.

„Wahrhaftig, gnädiger Herr, ich habe es von anständigen Edelleuten und nicht von hungrigen oder zerlumpten gehört, daß sie auch nicht im mindesten Sorge tragen einen Feind zu tödten; sie trachten nur darnach, wie sie wieder nach Hause kommen mögen; sie beten zu Gott, er möge ihnen eine leichte Wunde senden, damit sie nicht zu sehr davon zu leiden haben, aber vom Zaren dafür belohnt werden; und in der Schlacht selbst, da sehen sie zu, ob sie nicht irgendwo hinter einem Gebüsch sich verbergen können. Und einige von ihnen sind solche Precuratoren (апокураты), daß sie mit ihrer ganzen Abtheilung sich im Walde oder in einer Schlucht verbergen, und dann abwarten, bis die Krieger aus der Schlacht heimkehren; dann kommen sie hervor, als seien sie auch mit dabei gewesen. Auch habe ich oft sagen hören: „Gott gebe, daß wir dem Zaren treulich dienen, aber dabei den Säbel nicht aus der Scheide zu ziehen brauchen." Aus allen diesen Worten ist zu ersehen, daß diese Menschen keine Krieger sind! Lieber mögen sie zu Hause sitzen."

So grell schildert Possoschkow die Mängel früherer Zeiten, um dadurch die Nothwendigkeit eines vollständigen Bruchs mit der Tradition zu beweisen. Seine Schilderung mag uns Veranlassung geben, die Beschafsenheit des Heerwesens vor Peter dem Großen uns genauer zu vergegenwärtigen. Es tritt uns hiebei nothwendig die Analogie russischer Verhältnisse mit den Entwickelungen im Westen entgegen.

Wie im Mittelalter überhaupt das Lehnssystem den Fürsten die Streitkräfte zu ihren Kriegen lieferte, so daß bei ergangenem Aufgebot Fürsten, Grafen und Herren nach ihrer Belehnung ihre Dienstmannen zu stellen hatten, welche wiederum aus den von ihnen belehnten Rittern und den zur persönlichen Dienstleistung verpflichteten Knechten bestanden; so finden wir auch Jahrhunderte hindurch in Rußland ganz analoge Erscheinungen. Jahrhunderte lang bestand die russische Armee aus dem Adel, der mit seinem Gefolge dienstpflichtig war*). Aber ebenso wie im Westen mit der wachsenden Macht Einzelner, der Heerbann und die Lehnskriegsverfassung immer mehr in den Hintergrund traten und ein neues System entstand, so wurden die Elemente des Heerwesens in Rußland auch zusammengesetzter. Der Uebergang von der Lehnskriegsverfassung durch Söldnerbanden zu stehenden Heeren und regulären Truppen vollzog sich in Rußland analog den westlichen Staaten Europas, und so finden wir in der zweiten Hälfte des 17. Jahrhunderts in Rußland zwar eine ungewöhnlich zahlreiche, aber erstaunlich bunt zusammengewürfelte Masse von Kriegern, welche, in verschiedene Gruppen vertheilt, gewissermaßen als Vertreter verschiedener Zeiten erscheinen.

Der russische Gesandte in Florenz Iwan Iwanowitsch Tschemodanow (Чемодановъ) rühmte im Jahre 1658 die Heeresmacht der Russen gegen die Ausländer mit prahlerischen Worten. Er zählte die Strelzy und die Kosaken auf und berichtete wie die Adeligen zu kämpfen pflegten mit Armbrust und Feuerwaffe, Jeder, wie er es verstehe. Gegen das russische Heer könne kein anderes bestehen**). Allerdings schien man im Auslande keine allzugeringe Meinung von dem russischen Heerwesen zu haben. Der Hetmann Shollewski (Жолкѣвскій) rühmte am Anfang des 17. Jahrhunderts das Moskauische Volk: „es sei überaus zäh im Widerstande"***), und Georg Adam Schleusing, welcher zu Ende des 17. Jahrhunderts in

---

*) S. z. B. Carl v. Plotho, Ueber die Entstehung ꝛc. der russischen Armee, Berlin, 1811.

**) Устряловъ, Исторія царствованія Петра Великаго, С. П. 1858, Bd. I. S. 174.

***) Щебальскій, Правленіе царевны Софіи im Journal Русскій Вѣстникъ. Bd. II. 558.

Rußland war*), hatte Gelegenheit namentlich des russischen Fußvolks lobend zu erwähnen. Der Zar Fedor Alexejewitsch hinterließ seinen Nachfolgern eine Heeresmacht von über 200,000 Mann, worunter wir Russen, Ausländer vom Westen und Vertreter asiatischer Grenzvölker erblicken. Ein solches Heer konnte nicht eigentlich Anspruch auf die Benennung regulärer Truppen machen.

Das Fußvolk bestand zunächst aus den Strelzy**), welche in dem ganzen Lande zerstreut waren, von der Krone, außer ihrem Gehalte, Landstücke erhielten, am Kleinhandel Theil nahmen, Mühlenbesitzer waren und dgl. m., so daß sie eine seltsame Mischung verschiedener Berufsarten darstellen, eine Mischung von Gewerben und Kriegshandwerk, welche dem Possoschkow, wie wir uns erinnern, so sehr mißfiel***). Sie versahen Garnison- und Polizeidienste, bildeten in Friedenszeiten zugleich oft die Garde der Zarenfamilie†), und stellten, indem ihr Amt sich von Geschlecht zu Geschlecht vererbte, eine geschlossene Corporation dar, welche wegen ihrer politischen Bedeutung bekanntlich oft mit den Prätorianern des alten Rom in der Kaiserzeit und mit den Janitscharen in der Türkei verglichen worden ist.

Daneben bestand bereits seit der ersten Hälfte des 16. Jahrhunderts eine Art Rekrutirung (die sogenannten даточные люди ††), indem nämlich eine bestimmte Anzahl von Bauernhöfen wiederum eine bestimmte Anzahl von Kriegern, mit Waffen und Vorräthen auf Kosten der Gutsherren versehen, zu stellen hatten. Sie dienten im Kriege besonders im Trosse, beim Brückenbau und bei Schanzarbeiten.

Der Kern der Reiterei bestand aus dem Adel. Es ist der Theil des russischen Heeres, welcher vor Allen den Spott Iwan Possoschkow's verdient und seinen Unwillen erregt. Die Adeligen der verschiedenen Stufen mußten als Gutsherren sämmtlich Kriegsdienste leisten und wer durch Alter und Krankheit oder als Krüppel daran verhindert war, diente als Beamter. In Friedenszeiten lebten die kriegspflichtigen Gutsherren ruhig in ihren Dörfern, beschäftigten sich da mit Landwirthschaft, Handel, Jagd u. dgl.

---

*) Adelung, Uebersicht der Reisenden in Rußland. St. Petersburg 1846, II 882.

**) Котошихин, О Россіи въ царствованіе Алексѣя Михайловича, S. 71 ff.

***) S. meinen dritten Artikel über Possoschkow. Balt. Monatsschr. 1862, October.

†) S. d. schätzenswerthe kleine Schrift von Бѣляевъ. О русскомъ войскѣ въ царствованіе Михаила Ѳеодоровича. Москва 1846, S. 78 ff.

††) Бѣляевъ erwähnt der даточные люди schon für das Jahr 1545.

und dachten an nichts weniger, als an militärische Uebungen. Wenn denn der Befehl erging, „man solle sich rüsten zum Kriege, Vorräthe bereit halten und die Pferde füttern," da holten diese Landjunker die ihnen von ihren Ahnen vererbten, rostigen und schartigen Waffen aus der Rumpelkammer hervor, beluden große Wagen mit Lebensmitteln, wie gedörrtem und gesalzenem Fleisch, Fisch, Mehl, Butter und Korn. Da rüsteten sie ihr Gefolge aus und bestimmten die Einen zur Theilnahme an der Schlacht, die Anderen zur Bedienung bei der Fourage und erwarteten den zweiten Befehl des Zaren zum Ausrücken ins Feld. Manche zeigten sich trotz vorgerückten Alters eifrig für den Dienst des Zaren, verrichteten gläubig und fromm Gebete, nahmen Abschied von den Ihren und eilten auf stattlichen Rossen zum bestimmten Zeitpunkt an den ihnen vorgeschriebenen Ort. Andere waren lässig und faul und kamen nicht selten erst dann, wenn der Feldzug schon beendet war. Viele gab es, welche unter allerlei Vorwänden sich vom Kriegsdienste zu befreien suchten, sich, was am häufigsten vorkam, krank stellten oder auch ohne alle Entschuldigung wegblieben, wo sie indessen Gefahr liefen ihrer Güter verlustig erklärt zu werden. Wenn nun diese Gutsherren sich an den vorgeschriebenen Orten zusammenfanden, so gab es ein malerisches, wenn auch, vom militärischen Gesichtspunkt aus betrachtet, nicht sehr erfreuliches Schauspiel. Die Mannichfaltigkeit der Waffen und Geräthe, des Gefolges und der Fourage war überraschend. Die Reichen erschienen auf wilden Streitrossen, in schimmernden Panzern, mit kostbaren Waffen, glänzenden Säbeln, Musketen, Karabinern, umgeben von einem stattlichen Gefolge und mit reichlichen Vorräthen aller und jeder Art versehen. Dagegen kam mancher arme Schlucker auf elendem Klepper dahergeritten, ohne Panzer und Helmbusch, ohne Muskete und Karabiner, nur mit einem Säbel oder mit einem Paar Pistolen bewaffnet und mit einem Sack Zwieback versehen, den ein kümmerlich genährter und mit einem Spieß bewaffneter Knappe hinter ihm her schleppte*).

Zu allem diesem kamen nun die Ausländer. Schon im 16. Jahrhundert schreibt Sebastian Frank in seiner Chronika: „wenn der Teufel Sold ausschrieb, so fleugt und schneit es zu, wie die Fliegen in dem Summer, daß sich doch Jemand zu Tod verwundern möchte, wo dieser Schwarm nur aller herkam und sich den Winter erhalten hat." Besonders Deutschland war reich an solchen losen Elementen, die jeden Augenblick

---

*) s. Устряловъ, Исторія Петра Великаго Bd. I S. 178.

bereit waren für jede Sache zu fechten, wenn es Geld einbrachte, und das
Ausland verfügte über sie bei unzähligen Gelegenheiten. Es waren Deutsche,
welche bereits im 15. Jahrhundert Schweden der Union unterwarfen, in
England bald für die Yorks kämpften, bald gegen dieselben; es waren
Deutsche, welche bald die Besieger Neapels waren, bald die Vertheidiger;
welche im 16. Jahrhundert in Frankreich bald gegen die Hugenotten sich
anwerben ließen, bald in deren Reihen kämpften. Es ist eine Glanzpe-
riode deutscher Waffenrüstigkeit und deutschen Schlachtenlobs, wie sie so
bald nicht wiederkehrte, seit Deutschland zu fremder Ehre und eigenem
Schaden im dreißigjährigen Kriege sich todtgeblutet*). Aber gerade der
dreißigjährige Krieg war wie eine Pflanzschule für Soldknechte. Unmit-
telbar nach demselben wimmelte es in Deutschland von Menschen, die zu
jeder nützlichen Arbeit unbrauchbar waren. Jene Ueberbleibsel von Lands-
knechtsschaaren, welche der dreißigjährige Krieg zusammengebracht hatte,
waren einmal an das Soldatenwamms gewöhnt und nur selten fähig zu
den Geschäften des Friedens zurückzukehren. Rußland warb unter diesen
Elementen mit dem größten Erfolge. Schon in der Zeit Boris Godu-
now's lockte die Geld- und Beutegier viele Söldner nach Rußland. Einige
boten selbst ihre Dienste an, Andere wurden durch russische Handels- und
diplomatische Agenten in Deutschland angeworben. Noch Andere, z. B.
manche Polen, waren durch Kriegsgefangenschaft gezwungen im russischen
Heere zu dienen. Zu Zeiten that sich wohl der Gegensatz der Russen und
Ausländer kund, wie denn in der Zeit des Interregnums die ausländische
Garde des Pseudodemetrius sich auflöste, indem bei dem nun beginnenden
Freiheitskampfe die Russen nicht leiden wollten, daß Ausländer bei der
Rettung des Vaterlandes mitthätig wären. Aber bereits Michail Roma-
now erkannte, es sei nothwendig bei den Ausländern in die Schule zu
gehen, um gegen das Ausland Stand halten zu können, und bildete Com-
pagnien ausländischer Söldner. Als er den großen Kampf gegen Polen
und Schweden begann, da zeigte sich die Nothwendigkeit von Reformen
im Heerwesen. Sie wurden im größten Stile angebahnt durch Herbeirufen
militärischer Capacitäten aus dem Auslande. In Schweden, Dänemark,
Holland, England sollten 7000 erfahrene Krieger in Sold genommen werden und in Rußland die Verpflichtung haben, Unterricht im Militärfache
zu ertheilen. Die größte Zahl der Officiere im russischen Heere bestand

---

*) S. Berthold, George von Frundsberg, oder das deutsche Kriegshandwerk zur Zeit
der Reformation. Hamburg 1833, S. 11.

aus Ausländern. Der dreißigjährige Krieg nicht allein, sondern auch andere Wirren im westlichen Europa*) stellten Rußland bedeutende Streitkräfte zur Verfügung. Die deutschen Soldaten, die deutsche Kriegführung wurden von der russischen Regierung den Unterthanen als Muster angepriesen**), die ganze das Heerwesen betreffende Terminologie wurde von den Deutschen entlehnt, die Regierung ließ verschiedene deutsche Schriften über die Kriegskunst ins Russische übersetzen, und weil der Kriegsdienst in Rußland viel Lockendes bot, strömten viele Abenteurer dahin und schlossen mit der russischen Regierung Verträge ab, worin sie ganz besonders die Verpflichtung übernahmen, als Lehrer der Russen thätig zu sein. Diese fremdländischen Elemente mochten vielfach geeignet sein die Buntscheckigkeit des russischen Heeres zu erhöhen. Jeder Officier folgte bei den Uebungen seiner Untergebenen der eigenen Methode. Ueberdies waren die „Reiter,‟ „Dragoner‟ und „Soldaten‟ in Friedenszeiten nur kurze Zeit mit Uebungen beschäftigt, gingen den größten Theil des Jahres ihren sonstigen Geschäften nach und so dürfen wir uns nicht wundern, wenn Fortschrittsmänner wie Naschtschokin (Нащокинъ) im Jahre 1659 und Possoschkow einige Jahrzehnte später dringend Reformen im Militärwesen verlangen. Die militärische Tüchtigkeit und Waffengeübtheit der russischen Truppen mußte denen der ausländischen oft genug weit nachstehen. Die ausländische Terminologie, der leichte Firniß durch Uebungen unter der Leitung ausländischer Officiere genügte nicht, um die russischen Krieger durchgreifend umzuformen. Sie waren und blieben die Edelleute und Gutsbesitzer von ehedem, verbrachten den größten Theil des Jahres auf ihren Höfen und in den Dörfern, und kümmerten sich um ihre privatwirthschaftlichen Angelegenheiten weit mehr, als um den Kriegsdienst: während Karabiner und Säbel monatelang ruhig an der Wand hingen und rosteten, war der Eigenthümer derselben oft genug am Pfluge oder als Müller thätig, oder machte sich auf Jahrmärkten oder im sonstigen Handel zu schaffen. In den späteren Zeiten mochte es mit nicht geringeren Schwierigkeiten als früher verbunden sein diese Elemente in den Kampf zu führen. Trotz aller Strenge erschienen Viele nicht, wenn man sie berief, und selbst die ausländischen

---

*) S. z. B. Friedrich Schmidt, Darstellung des Ursprungs und Fortgangs ꝛc. des Kriegsheeres ꝛc. in Rußland, Moskau 1798 S. 9, wo die etwas unglaubliche Thatsache mitgetheilt wird, es seien zur Zeit der Regierung Alexei's 3000 Schotten nach Rußland eingewandert.

**) S. Brix, l. c. S. 60.

Offiziere ließen es sich auf den ihnen verliehenen Landsitzen so wohl sein, daß auch sie es oft wagten der Aufforderung zur Theilnahme am Feldzuge nicht zu gehorchen, obgleich dieses immer mit der Gefahr verbunden war körperlich gezüchtigt oder gar außer Landes gejagt zu werden. Die Bewaffnung und Verproviantirung war ebenso unregelmäßig als unvollständig. Oft geschah es, daß ein Reiter nur mit einer Pistole erschien und zugleich mit der Entschuldigung, die andere sei einige Jahre zuvor in der Schlacht verloren gegangen, der Karabiner sei geplatzt und der Panzer fehle auch. Die an den Kriegsdienst nicht gewöhnten Pferde scheuten bei dem Knallen der Feuergewehre und warfen ihre Reiter bisweilen noch vor der Schlacht ab. Die Artillerie war ebenfalls in sehr unvollkommenem Zustande, und so ließ alles im Großen und Ganzen, wie im Einzelnen viel zu wünschen übrig*).

So hatte denn Iwan Possoschkow auch wohl noch im Jahre 1701 viel Grund das russische Heerwesen zu schmähen und zu verspotten. Er hatte zur Begründung seines Tadels die beste Gelegenheit in dem Hinweis auf die schmachvolle Niederlage Golizyn's in der Krim und auf die Schlacht bei Narva. Er schreibt:

„Für uns ist nicht blos diese gegenwärtige Niederlage sehr nützlich, sondern auch unsrer Ahnen können wir uns nicht sehr rühmen. Es ist Allen bekannt, wie Fürst Wassili Wassiljewitsch Golizyn nach Perekop ging und, wie man sagt, mit ihm 300,000 Mann. Und ihm entgegen kamen alles in allem etwa 15,000 Tataren und die Unseren konnten im Kampfe mit ihnen nicht bestehen. Ist es nicht eine Schmach für uns, daß jene Tataren mit einer Handvoll Reiter und Armbrustschützen den Dumnyi Djak Emeljan Ukrainzew geschlagen haben und, wie man sagt, zwanzig Kanonen fortnahmen. Und die Unseren haben es nicht gewagt, die Kanonen wieder zu nehmen, und fürchteten sich vor einer Handvoll Menschen. Nicht nur der Furchtsame soll wegbleiben von der Schlacht, sondern auch der Unkundige; weil der Furchtsame und Unkundige dem Tapfern und Kundigen Furcht und Verwirrung bringt. Der Furchtsame und Unkundige mag lieber zu Hause sitzen: im Kampfe müssen nur die Tüchtigsten sein — die Führer wie die Gemeinen. Allen ist es bekannt, wie die Tataren die russischen Verschanzungen anstellen und zerstörten und die Unseren klappern und knallen mit ihren Waffen, aber die Tataren beachten es gar nicht, weil sie alle

---

*) f. Устрялов, История Петра Великаго I. 187 ff.

vorbeischießen und niemanden treffen. Da haben wir freilich nicht gut Krieg führen, wenn wir nicht zu schießen verstehen."

Mit gleicher Entrüstung berichtet Possoschlow von einer ähnlichen Episode aus dem Feldzuge nach Asow:

„Bei Asow rannten die Tataren gegen ein Regiment und unsere Soldaten schossen nach deutscher Art, auf Befehl ihres Obersten, alle zugleich ihre Gewehre ab und tödteten kaum zehn Mann. Und als die Tataren sahen, daß die Unseren die Gewehre wieder zu laden begannen stürzten sie auf die Soldaten zu, ließen ihnen zum Laden keine Zeit und jagten Alle, zusammt ihrem Obersten, gleich Schafen in die Flucht. Wenn die Unseren nicht in die Luft geschossen hätten und nicht alle zugleich, sondern nur die Hälfte von ihnen, und die Anderen hätten als Reserve dagestanden, dann hätte man sie nicht gleich Schafen fortgejagt. Wenn Alle ins Ziel zu schießen verstanden hätten, so müßten sie doch, schlecht gerechnet, 2—300 Mann todtgeschossen haben, und die übrigen Tataren hätten es nicht gewagt, sich so dreist auf das ganze Regiment zu stürzen; und wenn 5—600 zu Boden gestreckt worden wären, so wären die Anderen sämmtlich zum Teufel gegangen und man hätte sie nirgends finden können. Die Tataren sind kühn, solange sie keinen großen Verlust erleiden; wenn sie aber 100—200 Todte zählen, dann geben sie Fersengeld. Sie lieben alles umsonst zu nehmen."

Gerade diese letzte Aeußerung hätte eben so gut auf die Russen Anwendung finden können. Wenigstens berichtet ein Zeitgenosse Possoschlow's der Ausländer Schleusing, daß die Russen sich zwar kühn und mit großem Geschrei auf den Feind zu stürzen pflegten, aber dann „wie die Hasen erschrocken" in der Regel zurückwichen. Selten ist die Unbeholfenheit und Kläglichkeit der russischen Armee, selten die Kopflosigkeit der russischen Feldherren so sehr hervorgetreten, wie dies bei den Feldzügen Golizyn's in die Krim in den Jahren 1687 und 1689, deren Possoschlow erwähnt, geschehen ist. Wir haben dabei Gelegenheit uns mit allen Mängeln der russischen Heeresorganisation bekannt zu machen. Rußland machte den Anspruch gerade durch sein dem Westen nachgebildetes Militärwesen den Tataren überlegen zu sein. In dem Manifest vom October 1686, in welchem von dem bevorstehenden Kriege geredet wird, heißt es, daß die westlichen Nachbarstaaten Rußland höhnten, daß es ein zahlreiches Heer habe und zugleich den Tataren Tribut zahle. Aber dieses Heer war der Art, daß, wie Koschichin (Кошихинъ) sagt, die Krieger keine Schlachtordnung kannten und daß, wie Tschemodanow berichtet, Jeder focht, wie er es verstand und gewöhnt war. Das Heer bestand aus Herren und Sklaven, keine gemeinsame Idee, kein einheitlicher Begriff von militärischer Ehre hielt es zusammen. Es war in der Art dieser Kriegführung weder System noch Begeisterung.

Als der Krieg gegen die krimschen Tataren unternommen werden sollte, befahl die Regierung den Edelleuten, welche Alters oder Krankheits halber am Feldzuge Theil zu nehmen selbst verhindert seien, statt dessen ihre Söhne und Verwandten zu schicken, damit der Bestand des Heeres durchaus nicht gemindert würde. Man wollte möglichst zahlreich im Felde erscheinen, aber mit den Vorbereitungen dazu ging sehr viel Zeit hin. Wochen vergingen, ehe der Sammelpunkt für die Aufgebotenen festgesetzt war, und wiederum Wochen, ehe dieselben einzutreffen begannen. Manche kamen zeitig, Andere nach dem festgesetzten Termin, noch Andere gar nicht. Da noch viele Tausende fehlten, erließ die Regierung wiederum strenge Befehle und drohte den Ungehorsamen mit körperlichen Strafen, Gütereinziehung und Ungnade. Es half nur theilweise, aber trotzdem wurde bei Beendigung des Feldzuges den Kriegern das Lob ertheilt, sie seien mit großem Eifer bei der Mobilmachung thätig gewesen*). Die Feinde waren rühriger: ein Trupp nach dem andern brach mittlerweile in die russischen Grenzen ein: der Krieg hatte schon begonnen, während der russische Feldherr noch in Moskau weilte**).

Pofsoschkow giebt an, Golizyn sei mit 300,000 Mann gegen die Krim gegangen. Das ist nun allerdings übertrieben. Die niederste Angabe ist 40,000, die höchste 300,000. In Wahrheit mag das Heer ungefähr 100,000 Mann gezählt haben***). Langsam, unbeholfen wälzte sich diese bunte Masse von Fußvolk, Reitern, Geschütz, Fourage, Packpferden und Troß durch die Steppen Südrußlands. Die Wagenburg, innerhalb welcher die Armee marschirte, war eine Werst breit und zwei Werst lang und der Wagen waren in allem 20,000 †). Nicht genug, daß man täglich

---

*) II. C. 3. Bd. II Nr. 1258.

**) Щебальский l. c. im Русскій Вѣстникъ Bd. III S. 46, 1856.

***) S. b. Untersuchung Ustrjalows l. c. S. 196 und 306. Deutsche Officiere geben die Zahl der bei der Armee befindlichen Pferde auf eine Million an. De la Neuville spricht von 800,000 Mann Fußvolk und 100,000 Mann Cavallerie, vgl. Herrmann, Gesch. des russischen Staats IV S. 16.

†) Gordon's Tagebuch herausg. von Possel II S. 171.

nur wenige Werste zurücklegte, in der Ukraine veranlaßte das Traumgesicht eines Mönchs, dem die Mutter Gottes erschienen war, einen vierzehntägigen Aufenthalt, indem der Marsch der Armee nicht eher fortgesetzt werden durfte, als bis das wunderthätige Bild, durch dessen Geleit der glückliche Ausgang des Feldzuges bedingt sein sollte, mit allen üblichen Ceremonien an den Ort seines Aufenthaltes feierlich eingeholt war*).

Steppenbrand, Krankheiten und Mangel an Lebensmitteln, vor allem aber die Kopflosigkeit des Feldherrn vereitelten die Unternehmung. Von den Schwärmen der Tataren geneckt und ermüdet, ohne einen Kampf zu wagen, trat das Heer den Rückzug an. Der Moskauer Patriarch tröstete den unglücklichen Feldherrn: „die Historiographen berichteten von vielen ähnlichen Ereignissen, die sich in der Welt begeben hätten, der Feldherr solle kein Leid tragen." Golizyn ward von der Regentin Sophie mit Ehrenketten und allerlei Schmuck belohnt. Prahlerische Manifeste verkündeten dem russischen Volke von den ungewöhnlichen Siegen des russischen Heeres von der Schnelligkeit, mit welcher der ganze Feldzug bewerkstelligt sei, von dem panischen Schrecken des Chans und der Tataren. Selbst die Gemeinen erhielten baares Geld und Grundstücke für die verrichteten Heldenthaten**). Nur der junge Peter war so aufgebracht über diesen schmählichen Rückzug, daß er seinem Unwillen durch den Vorwurf Luft machte, der ganze Krieg habe nur dazu gedient die Tataren aufzureizen. Daß das russische Publikum sich durch die prunkenden Reden der Regierung nicht ganz täuschen ließ, zeigt der Humor, mit welchem Pososchkow von diesen Krimfeldzügen spricht.

Allerdings war der zweite Feldzug Golizyn's, wo möglich noch mehr als der erste, geeignet die jämmerliche Kriegführung der Russen im grellsten Lichte zu zeigen. Hier wurde aller erdenkliche Scharfsinn aufgeboten das Heer mit dem Nöthigen auszurüsten. Man schleppte sich mit einer noch größeren Anzahl Wagen, trug die spanischen Reiter auf den Schultern, hatte sich mit Sturmleitern, Handgranaten versehen und hoffte auf glänzende Erfolge. Statt dessen aber war die bloße Kunde von dem Erscheinen der Tataren hinreichend, das russische Heer in die größte Bestürzung zu versetzen***), und als gar etwa 10,000 Tataren und zuletzt der

---

*) Vgl. Hermann, Geschichte des russischen Staats IV S. 18.

**) Устряловъ l. c. S. 212 und Щедавскій l. c. 54.

***) Gordon schreibt: We had a false Alarum of the Tartars and the nearness of the armyes brought us in great confusion.

Chan selbst einen Angriff auf die russische Wagenburg machten, da gerieth Alles in Verwirrung; man ward sich klar, daß namentlich die russische Reiterei den Feinden nicht gewachsen wäre. Golizyn berichtete nach Moskau, es sei mit Gottes, der heiligen Dreifaltigkeit, der heiligen Mutter Gottes u. s. w. Hülfe gelungen, in einem mehrstündigen Kampfe die Helden zu schlagen. Alle, Officiere und Gemeine, Fußvolk und Reiterei hätten mit gleicher Tapferkeit gekämpft, viele Gefangene gemacht, Feldzeichen, Pferde und bedeutende Reichthümer den Feinden genommen. Furchtbar sei die Hitze gewesen, mit welcher die Tataren die russische Armee gedrängt hätten, aber die Feinde hätten nur Schmach eingeerntet und Viele von ihnen den Tod. Mittlerweile war die Regentin in banger Sorge um ihren Geliebten und schrieb ihm: „Du mein Alles, mein Bruder Waffenka! gebe Gott, daß Du die Feinde besiegtest! aber ich werde nicht eher glauben, daß Du gesund heimgekehrt seiest, ehe ich Dich mit meinen Augen gesehen habe u. dgl. m." Der Rückzug wurde angetreten; Golizyn motivirte ihn mit Wassermangel, mit dem Fallen der Pferde, mit Steppenbrand und dgl. m. Gordon's Tagebuch aber steht mit diesen Angaben im Widerspruche. Golizyn bot dem Tatar-Chan Frieden an, was den Feinden selbst so unglaublich schien, daß sie nur mit Mißtrauen die Unterhandlungen einleiteten. Nach Hofe aber berichtete der Feldherr, der Friede sei von den Feinden angeboten und von den versammelten Bojaren, Wojewoden u. s. w. angenommen worden. Während die Tataren den russischen Feldherrn verhöhnten und einander erzählten, er gehe ins Kloster, um sich vor der Ungnade der Regierung zu retten, während Golizyn große Anstrengungen machen ließ, um doch wenigstens einige Tataren gefangen zu nehmen*), verglich die Regentin Sophie, in einem an Golizyn gerichteten, überaus zärtlichen Schreiben, den Rückzug des russischen Heeres mit der Rettung der Kinder Israel aus Aegypten und Golizyn mit Moses. In dem Rescript, welches sie im Namen der beiden jüngern Zaren erließ, dankte sie dem Feldherrn für seine geleisteten Dienste: er habe die Feinde völlig besiegt, verjagt und vernichtet, so daß sie in der Verzweiflung ihre eigenen Dörfer verbrannt hätten u. s. w.**). In allen Kirchen waren Dankgebete angeordnet und wiederum überschüttete man den Feldherrn, die Officiere und

---

*) Statt der Tataren berichtet Gordon, nach Ustrjalow, sei es nur gelungen eine wilde Katze zu fangen. Uebrigens geht aus einigen Stellen von Gordons Tagebuch hervor, daß man bereits früher Kriegsgefangene gemacht hatte.

**) П. С. З. III Nr. 1820.

Gemeinen mit Ehrenbezeugungen und Geschenken. Ja, auch das Ausland suchte man zu täuschen, indem Golizyn an den polnischen König einen Boten sandte mit der Nachricht: das russische Heer habe sämmtliche Tatarenhorden, 150,000 Mann stark, geschlagen, in die Flucht gejagt: es sei ein Sieg, wie ein solcher lange nicht stattgefunden habe. Abschriften dieses Berichtes gingen nach Wien, Venedig und Rom. Aber der junge Zar Peter war unwilliger als früher und der Conflict zwischen ihm und der Regentin ward durch diese Vorgänge fast reif zum Ausbruche.

Bei solchen Ereignissen erscheint es natürlich, wenn Männer wie Possoschkow die Wahrheit auszusprechen wagten und Reformen verlangten. Aber ganz besonders der nordische Krieg mußte diese brennende Reformfrage in ihrer ganzen Bedeutung erscheinen lassen. Offenbar unter dem unmittelbaren Eindrucke der Schlacht bei Narwa schreibt Possoschkow an Golowin, welcher als Generalissimus der Armee die Mängel derselben aus Erfahrung kennen mußte:

„Das, gnädiger Herr, wissen wohl Alle, daß, wie von dem jetzigen Kriege erzählt wird, die Preobraschenskischen und Semenowschen Soldaten wohl zwanzigmal schossen, und daß die Schweden dabei doch nur sehr wenig Todte hatten. Wenn von fünfzig Schüssen auch nur *einer* tödtlich gewesen wäre, so hätten die Unseren einen ruhmvollen Sieg erfochten, aber so war es, wie Gott weiß, eine Verschwendung von Menschen und Material mit sehr wenig Erfolg. Wenn sie auch nur *eine* Ladung abgefeuert hätten und Jeder hätte getroffen, so wären die Schweden total geschlagen gewesen. Gnädiger Herr, Fedor Alexewitsch, ich kann es nicht fassen, was denn dabei herauskommen kann, daß so sehr viel Feuer ist, aber keine Todten, daß man so viel Pulver und Blei verschleudert und daß die Soldaten so viel unnütze Arbeit thun."

An einer andern Stelle heißt es:

„Ich begreife nicht, was für Nutzen und Lob wir davon haben können, wenn unsre Heere zahlreich ausziehen und von Feinden in ganz geringer Anzahl geschlagen werden. Ist es nicht vielmehr Unehre für uns, daß wir in großen Massen vor wenigen Leuten nicht bestehen. Wollte man aber sagen, diese Schlacht sei durch Gottes Willen oder durch Verrath, nicht aber durch Fehler so unglücklich gewesen, so verstehen wir alle sehr gut, daß ohne den Willen Gottes niemand auch nur einen kleinen Vogel zu tödten vermag: aber der Mensch muß dennoch jederzeit schlagfertig, tüchtig und kampfbereit sein und das Kriegszeug in Bereitschaft halten. Wenn wir uns nicht zu vertheidigen wissen, so haben wir nicht nöthig deshalb Gott zu klagen. Ja sogar, als Gott selbst das Volk Israel im Kriege anführte, da haben Israeliten die Waffen keineswegs abgelegt, sondern die scharfen Schwerter im Kampfe gegen ihre Feinde benutzt und Schilde gehabt zu Schutz und Wehr; ebenso müssen auch wir uns bemühen gute Waffen zu haben und den Krieg und die Kriegsverwaltung in aller Hinsicht zu lernen, dann wird uns auch Gott helfen, wie er geholfen hat, als Jericho zerstört wurde und auch bei der Gelegenheit Waffen angewendet wurden. Schon der Psalmist singt, man solle mit dem starken Schwerte gegürtet sein, und es ist da nicht das bloße Wort gemeint, sondern das Schwert heißt die Vorsicht und die Stärke ist die Einsicht. Und an vielen Stellen der heiligen Schrift wird von scharfen und zweischneidigen Schwertern gesprochen, nie aber von stumpfen. Von solchen stumpfen Waffen ist nirgends die Rede, wie unsere frühere Waffen waren, unsere Hellebarden, die ganz stumpf und aus schlechtem Eisen geschmiedet waren, unsere ebenso stumpfen und schlechten eisernen Säbel, so daß man mit einer solchen Hellebarde oder mit einem solchen Säbel nicht einmal durch die Kleidung des Feindes dringen kann u. s. f."

Peter der Große hat in der Folge, im Jahre 1718 seinem Kabinetsecretär Makarow den Auftrag gegeben, für eine Geschichte des nordischen Krieges Material zu sammeln, er bestimmte den Sonnabend-Morgen für die Beschäftigung mit diesem Material, beabsichtigte mit der Geschichte des Krieges eine Geschichte der Reformen zusammenstellen zu lassen, und viele seiner Zeitgenossen, Beamte und Generale mußten zu einer solchen Sammlung beisteuern. Vier Jahre lang schrieb Makarow an der „Historie des Krieges", aber der Mann war, wenn auch ein vortrefflicher Beamter, so doch ein talentloser Geschichtschreiber. Bei aller Gewissenhaftigkeit und Treue, welche er in dieser Angelegenheit an den Tag legte, war Peter beim Lesen dieses Werkes so wenig zufrieden, daß er bei jeder Seite vielfache Verbesserungen, Berichtigungen und Vervollständigungen hineinstreute. Ebenso erging es mit der zweiten, dritten und vierten Umarbeitung von Makarow's Schrift, so daß dieses Geschichtswerk mehr und mehr das Gepräge von Peters Geiste erhielt. Als Schtscherbatow (Щербатовъ) es im Jahre 1770 herausgab, erhielt es den Titel „Journal oder Tagebuch Peters des Großen vom Jahre 1698 bis zum Nystädter Frieden." Ustrjalow hatte Gelegenheit die Schtscherbatow'sche Ausgabe mit dem von Makarow gesammelten Material und den Originalhandschriften Makarow's und

Peters zu vergleichen, und schreibt dem Kaiser den bei weitem größern Antheil an der Arbeit zu*). Es mag daher von Interesse sein zu sehen, wie Peters des Großen Urtheil über die Schlacht bei Narwa sich neben dem Urtheil Iwan Possoschkows ausnimmt. In dem „Journal" ist folgende merkwürdige Stelle über diesen Gegenstand. „Es ist wahr: damals war diese Niederlage sehr empfindlich und betrübend, so daß man an aller Zukunft verzweifeln und dieses Unglück für eine Folge von Gottes Zorn betrachten konnte. Wenn man indessen jetzt darüber nachdenkt, so müssen wir es nicht für eine Folge von Gottes Zorn ansehen, sondern für eine Gnade: denn wenn wir damals, da wir noch in Kriegsangelegenheiten und in der Politik so unwissend waren, über die Schweden gesiegt hätten, so hätte uns ein solches Glück großen Jammer bereitet; während wir so die Schweden, welche doch seit lange gelehrt und in Europa berühmt sind, (die Franzosen nennen sie die Geißel der Deutschen) bei Poltawa so gewaltig schlugen, daß ihre ganze Maxime von oberst zu unterst gekehret wurde. Aber als wir dieses Unglück (oder besser gesagt dieses große Glück) erfuhren, da ward die Faulheit durch die Noth verdrängt, und trieb uns Tag und Nacht zum Eifer und Fleiß an, und wie mit dieser Vorsicht und Vervollkommnung dieser Krieg Stunde für Stunde geführt wurde, wird aus dieser folgenden Geschichte klar werden" **).

So sehen wir Possoschkow und Peter wiederum in ihren reformatorischen Bestrebungen auf gemeinsamem Gebiete. Wenn auch Possoschkow empfindlicher, unmittelbarer von der erlittenen Schmach betroffen erscheint, während Peter ein Paar Jahrzehnte nach diesem Ereigniß objectiver darüber zu reflectiren vermochte, so sehen wir doch in Beiden eine ganz ähnliche Gedankenreihe.

Allerdings war die Schlacht bei Narwa geeignet, den Nationalstolz der Russen zu kränken. Mindestens 35,000 Russen stritten gegen höchstens 12,000 Schweden, das seltsame Benehmen Peters, der Mangel an Vertrauen von Seiten der Soldaten zu den größtentheils ausländischen Officieren, aber vor allem die Ungeübtheit der russischen Armee entschied die Niederlage; so daß der sächsische Officier Hallart von den Generalen Peters berichtete, sie hätten „so wenig Herz als ein Frosch Haare auf dem Bauch", und von den Soldaten, daß Alles wie eine Heerde Vieh inein-

---

*) Устряловъ, Ист. П. В. I, XXXVI ff.

**) Журналъ или Поденная Записка Петра Великаго съ 1698 г. даже до заключенія Нейштадскаго мира. S. 26.

anders lief, ein Regiment in das andere, daß man nicht zwanzig Mann in Ordnung beisammen bringen konnte"*). Aber wenigstens die beiden Garderegimenter, deren Pososchkow so vorwurfsvoll erwähnt, das Semenowsche und das Preobraschenskische, schlugen sich tapfer, hielten länger Stand und konnten sich ehrenvoll zurückziehen**). Daß diese Garderegimenter nicht mehr ausrichten konnten, schreibt Pososchkow ihrer Ungeübtheit im Schießen zu. Dies war der wunde Punkt, der ihn ganz besonders in Harnisch bringt, der ihm vom wirthschaftlichen Gesichtspunkte aus — durch erfolglose Verschleuderung kostbaren Kriegsmaterials — ebenso verabscheungswürdig erschien, als vom militärischen. Diesem Gegenstande widmet er besondere Aufmerksamkeit. Allen militärischen Ruhm in Rußlands Zukunft erwartet er von der Vervollkommnung im Schießen. Er schreibt:

„Das heutige Fußvolk ist durch Eifer und Mühe des Zaren viel besser eingeübt im Marschiren und in raschen Wendungen. Das frühere Fußvolk konnte nur wenig Lob verdienen. Das wahre Lob aber soll darin bestehen, daß man die Feinde vernichtet, ehe sie ganz nahe herangekommen sind. Wenn der Zar ein Regiment von 5—10,000 Mann so einrichten wollte, daß sie gut schießen, und Jeder seinen Mann trifft, so wird man die Lanzen, Hellebarden, Schwerter und Messer nur dann brauchen, wenn die Feinde sehr hartnäckig sind. Aber die Waffen müssen vorzüglich sein, ebenso das Pulver. Die Kugel muß der Waffe gehorchen; wohin der Krieger will, daß sie fliegen solle, dahin muß sie auch fliegen. Die Lanzen müssen scharf sein, ebenso die Messer, daß sie auch durch dicke Kleider hindurch gehen. Es ist ein schlechter Sklave, der seines Herrn Willen nicht thut, und dasselbe ist von einer schlechten Waffe zu sagen. In Kriegssachen ist eine gute Waffe das Erste. Zu einer guten Waffe gehört ein guter Krieger, wenn aber die Waffe schlecht ist, so nützt die Tapferkeit des Kriegers nichts. Das Handgewehr muß ganz scharf sein, darin liegt die große Kraft; eine scharfe Waffe braucht die Eingeweide bloß zu streifen, so ist die Wunde schon tödtlich und Niemand kann sie heilen, die durch eine schlechte Waffe beigebrachte Wunde ist heilbar. Die scharfe Waffe ist wie eine Pest."

„In Salven zu schießen ist, meiner Ansicht nach, nur ein hübscher Anblick, aber den Feind schreckt das nicht. Das Schießen ins Ziel ist

---

*) Herrmann, Geschichte des russischen Staats IV S. 118 und 115.
**) С. Соловьевъ, Учебная книга Русской Исторіи. Москва 1860. S. 361 und Устряловъ, Русская Исторія. 5. Aufl. St. Petersburg 1855. Bd. II. S. 49.

zwar nicht so schön, aber den Feinden ist es furchtbar und des Zaren Schatz besteht dabei wohl und auch den Soldaten ist es angenehm. Wenn die Soldaten die Kriegsartikel nicht gut kennen und die Macht der Waffen nicht verstehen und nicht gut ins Ziel schießen können, so werden sie den Feind nie schrecken. Wenn die Soldaten die Kraft der Waffe kennen und schöne Flinten und gute Feuersteine haben werden, so daß das Gewehr nicht versagt, und die Läufe gut gezogen sind, dann kann man sich auf die Waffe verlassen und gut zielen und im Kampfe bestehen. Wenn die Soldaten nicht wie früher in die Luft schießen, sondern ins Ziel, wird nicht so viel Pulver und Blei verloren gehen; wenn sie so schön schießen lernen, daß sie den auf dem Pferde dahersprengenden Reiter in seinem Laufe treffen — dann werden solche Krieger im Kampfe schrecklich sein. Auch für den Kampf zur See muß man die jungen Soldaten einüben, daß sie ins Ziel zu schießen sich gewöhnen, ohne zu fehlen; ja, daß sie auch von den kleinen Böten aus, selbst bei Wellenschlag, ihr Ziel treffen. Wenn sie das können, dann wird ein ehrlicher Kampf zur See sein, und ich glaube, daß wir in der ganzen Welt berühmt und schrecklich sein werden. Auf dem Wasser bedarf man der besten Schützen, weil die Schiffe oder die kleinern Fahrzeuge nicht ruhig stehen können, sondern schaukeln. Ein Soldat, welcher auf 20 Faden Entfernung ein bewegliches Ziel trifft ist so gut wie zwei oder drei schlechte. Wenn in einer Landschlacht 1000 solcher Soldaten ihre Gewehre abfeuern, so werden sie wenigstens 5—600 Feinde zu Boden strecken, da muß denn auch der tapferste Feind weichen, und ob er nun will oder nicht seine Fratze wegwenden (невольно свою рожу отворотить). Ich glaube gewiß, er wird die zweite Salve gar nicht abwarten, sondern das Hasenpanier ergreifen."

„Man lobt die Finnen, daß sie in der Schlacht so fest stehen, daß wenn Einer von ihnen getödtet wird, gleich ein Andrer an dessen Stelle tritt; das ist nicht sehr wunderbar, so lange von hundert Menschen einer oder zwei fallen; wenn aber von hundert Menschen 50—60 fallen, dann weiß ich nicht, wie auch diese tapferen Finnen Ersatz liefern sollen. Und wenn sie nicht davon laufen, sondern sich immer wieder ordnen, und eine zweite Salve abwarten, so wird keiner wegzulaufen brauchen, weil sie alle an Ort und Stelle entschlafen werden. Ich habe auch die ausländischen Soldaten oft loben hören, daß sie so arg fechten, daß sie sechs Stunden lang im Feuer ständen, ohne daß man sie von der Stelle zu rücken vermöchte. Das ist ein deutsches Lob, es mag bei den deutschen bleiben; wir aber wollen uns lieber das andere Lob erwerben: mit den Russen kann man nicht Krieg führen; wenn sie einmal schießen, so strecken sie mehr als die Hälfte der Feinde zu Boden. Solch ein Kampf dauert nicht sechs Stunden, sondern eine Minute. Wenn wir solche Soldaten haben, so wird man vor ihnen fliehen, wie vor einem Raubthiere, ohne sich auch nur umzusehen."

Daß Possoschkow bei all' seinen Ausführungen nicht ganz Dilettant ist, sondern einigermaßen als Fachmann urtheilt, zeigt folgende Mittheilung in dem an Peter den Großen gerichteten Werke, wo er mit großer Genugthuung auf einen Fall aus seiner eigenen Erfahrung hinweist:

„In jüngern Jahren war ich einmal in Pensa, und die dortigen Einwohner und die Garnisonsleute sahen, daß ich gut ins Ziel schieße. Da sagten sie mir (ich lüge wahrhaftig nicht): bleibe den Sommer hier, dann werden wir die Tataren nicht mehr fürchten. Ich sagte, ich könne doch allein nichts gegen die Tataren ausrichten. Da sprachen sie aber: „wir sehen, daß Du gut schießen kannst und die Kugeln nicht unnütz verschleuderst. Die Tataren aber bedrängen uns so hart, und wir können nicht einen von ihnen tödten, aber Du kannst es. Sie kommen auf 10 Faden Nähe heran, und wir können sie mit unsern Büchsen nicht treffen; wenn Du nur Einen von ihnen tödtetest, so würden sie nicht mehr so dreist heranreiten, und wenn Du gar zwei oder drei zu Boden strecktest, so würden sie alle spurlos verschwinden."

„Es giebt aber bei uns in Rußland in einigen Grenzgegenden solche Schützen, daß sie zu Pferde in vollem Laufe die Flinte laden und ins Ziel schießen. Wer würde eine solche Reiterei nicht fürchten? Wer könnte bei einem solchen Heere dem Zaren widerstehen?"

„Man muß auch aus Kanonen ins Ziel schießen lernen ohne zu fehlen, dann erst werden die Russen allen Nachbarstaaten furchtbar sein. Und wenn man in Rußland einen solchen Menschen nicht findet, der das einrichten könnte, daß die Kanonenkugeln nicht unnütz verschossen würden, so muß man, wenn auch für schweres Geld, solche Meister aus dem Auslande kommen lassen. Außerdem möge der Zar anbefehlen Flintenbatterien*) auf Rädern anfertigen zu lassen. Wenn man dies nach meiner Ansicht einrichten sollte, so würde man vor den Feinden sehr geschützt sein. Im vergangenen Jahre hat der Zar mir zu befehlen geruht eine solche Flintenbatterie mit drei Reihen zu machen, um den Feind schon auf hundert Fa-

---

*) рогатки съ огненнымъ боемъ, eine Art Höllenmaschine.

den Entfernung begrüßen zu können. Und diesem zarischen Befehle gehorsam, habe ich eine kleine hölzerne Batterie zur Probe gemacht. Wenn es Dir so gefällt (an Golowin), magst Du dem Zaren dieses kleine Modell vorzeigen, und wenn der Zar nach diesem Modell zwei oder drei solche Batterien bestellt, so werden Alle sehen können, wie erfolgreich und wirksam sie sind und welche Bedeutung sie haben...... Wenn alles so eingerichtet wird, und Gott uns eine solche Methode giebt, dann wird der Krieg wunderbar sein und Rußlands Ruhm in aller Welt strahlen."

„Namentlich aber beim Schießen aus einer Festung oder von Belagerungsschanzen aus nützt das Salvenschießen nichts. Dabei muß man ins Ziel schießen lernen. Man muß es so gut können, daß wenn nur ein Mensch in einer Schießscharte zu sehen ist oder über die Zinne blickt, man ihn einfach fortschießt. Wer nicht ins Ziel schießen kann, braucht gar nicht in die Schanzen zu gehen. Warum haben die Ausfälle der Feinde aus der Festung so großen Erfolg? Weil die Belagerer in ihren Schanzen nicht gut schießen können; und wenn sie auch viel schießen, so treffen sie doch nicht, und ihre Mühe ist vergebens und der Feind haut und sticht darauf los, ohne daß man ihm beikommt. Wenn die Verschanzten gut schießen, so darf Keiner von denen, die einen Ausfall machen, entkommen. Ebenso müssen die Wachen gut schießen können, sonst werden sie umgebracht, ohne daß ihre Waffe ihnen genützt hat, ohne daß sie sich wehren oder ihr Leben gegen ein anderes verkaufen."

„Wenn wir 10—20,000 solche Krieger hätten und dazu noch die Flintenbatterien, so weiß ich wohl, daß die Feinde sich fürchten würden. Zuerst schießt man den Feinden die Officiere weg, dann empfängt man den heranrückenden Feind mit der Salve aus der Flintenbatterie; die davon nicht Getödteten werden von den Soldaten mit ihren Flinten aufs Korn genommen, und die noch Uebrigen endlich muß man im Handgemenge niedermachen; wenn sie aber weglaufen wollen, dann müssen Reiter und Dragoner ihnen nach und sie alsbald zur ewigen Ruhe geleiten. Hat man zu solchem Fußvolk auch nur 1000 solcher Reiter, die im vollen Laufe oder im Trabe ihr Ziel nicht verfehlen und mit Flinten auf zwanzig Faden, mit Pistolen auf fünf Faden Entfernung ihr Ziel treffen, dann würden solcher 1000 mehr leisten, als 20,000 Andere. Früher stand man einen ganzen Tag im Feuer, jetzt würde schon eine Viertelstunde als zu lang erscheinen. So viel weiß ich, daß die Feinde die zweite Salve nicht abwarten würden, sondern zusehen, wie sie mit heiler Haut davon kommen möchten, und auch das Davonlaufen würde ihnen schwer werden."

Wir sehen aus diesen Auseinandersetzungen Possoschlow's, daß er eine durch und durch moderne Stellung einnimmt. Er erwartet den militärischen Erfolg von der Tüchtigkeit und Waffengeübtheit des Einzelnen, und ferner: von der Wirksamkeit der Feuerwaffe. In unseren Tagen hätte er Turn-, Fecht- und Schießübungen vertreten, wäre für möglichst rasche Einführung des Zündnadelgewehrs und der Minisbüchse gewesen und hätte für Panzerschiffe und Lancasterkanonen die fulminantesten Parlamentsreden halten können. Er tritt mit seinen Flintenbatterien und seiner Begeisterung für das Schießen ins Ziel entschieden auf die Seite der Reformer im Kriegswesen. Die Vervollkommnung der Feuerwaffe ist in den letzten Zeiten der bedeutendste Abschnitt der Geschichte der Kriegskunst. Es hingen die wichtigsten politischen Erfolge mit den durchschlagenden Erfindungen auf diesem Gebiete zusammen. Es war Gustav Adolf, welcher bei seinen Truppen die Musketiere so bedeutend vermehrte, daß sie zuletzt zwei Drittel der Infanterie ausmachten; er ließ die Musketen leichter machen, daß sie nicht wie die Gewehre der Wallensteinschen beim Zielen auf Gabeln gestützt zu werden brauchten; er führte Patronen ein, um das schnellere Laden zu ermöglichen und ersann Mittel, die Beweglichkeit der Artillerie zu erhöhen. Es war ein anderer großer Reformer in der Taktik, Friedrich der Große, welcher bei Mollwitz größtentheils den neueingeführten eisernen Ladestöcken den Sieg verdankte über die österreichische Unbeholfenheit und den hölzernen Ladestock. Er führte die dünne Schlachtordnung ein, welche jedem Infanteristen die Möglichkeit giebt, von seinem Feuergewehr Gebrauch zu machen; er verwandte seine größte Sorgfalt darauf, die Infanterie in Bezug auf das schnelle Feuern auf den höchsten Grad der Vollkommenheit zu bringen; ihm war das Feuergewehr die Hauptsache, und er brachte es so weit, daß seine Infanterie fünfmal in einer Minute schoß. Nicht bloß im Ausgange des Mittelalters war es die „faule Grete", welche in brandenburgischen Marken die mittelalterlichen Burgen brach, sondern auch in der neuesten Zeit, bei der Schlacht von Belle-Alliance, war der Erfolg der englischen Truppen ihrer Schießfertigkeit zu verdanken, indem z. B. ein Detachement englischer Büchsenschützen (riflemen) bei Waterloo fast alle Officiere des gegenüberstehenden französischen 1. Linienregiments tödtete.

Possoschlow vertritt, in Uebereinstimmung mit der modernen Fechtart, nicht die Tapferkeit, welche im Einzelkampfe sich hervorwagt, sondern mehr die Schlauheit, welche den Feind mit raffinirten Kunstmitteln zu überwinden sucht. Die moderne Tapferkeit ist durch die furchtbaren Wirkungen der Feuerwaffe mehr in Todesverachtung umgewandelt, und die Kühnheit des Angriffs besteht vorzüglich in dem Gefühl der Ueberlegenheit der Waffe. Man berechnet genau die tödtliche Wirkung voraus, welche mit Geschützen und Gewehren erzielt werden soll, und fühlt sich sicher hinter Schiffspanzerwänden und Brustwehren. „Wehe, nun ist es mit der Tapferkeit vorüber," sagte einer der letzten Spartiatenhelden, Agis, als er eine Katapulte sah; und in einer Biographie des Berthold Schwarz aus dem 16. Jahrhundert heißt es: „Dergestalt hat dieser verfluchte teutsche Münch zu wegen gebracht, daß fürhin kein Mannheit oder Sterke an dapfern Männern gespüret, dieweil ohne unnterschled die strengen und zaghaften durch das geschütz niedergesellet. Es haben die alten Griechen und Römer auch ihre Kriegsinstrument und Wider (Widder) gebraucht, darzu etwan durch Schlintern die Feind getroffen und die mauren gefellet, doch ist die Buchs durch das starke Bulfer viele schedlicher, denn alles so bei den Alten vorhanden. In unserer Zeit ist fast alle Mannheit abgegangen und wird dieser ein gewaltiger Fürst genennet, der viel Feldgeschütz, gute Büchsenmeister demnach reuter und Fußknecht zu Feld führen oder in besatzung liegen mag."

Possoschkow ist weit entfernt, davon solche Klagen zu äußern. Er hätte dem bekannten Ausspruche Suworow's: „die Kugel ist eine Närrin, das Bayonnet ist ein braver Kerl," schwerlich Beifall spenden können, er hätte über die Aeußerung gestutzt, welche in unseren Tagen Napoleon III. gethan haben soll: „Was meine Meinung anbelangt, so glaube ich, daß die große Wahrscheinlichkeit des Treffens aus bedeutender Entfernung den Soldaten feige macht; ich, für mein Theil, werde stets meine Hoffnung als Führer auf das Bayonnet und die Sturmcolonne setzen."

An die Betrachtungen Possoschkow's über die technische Fertigkeit der Truppen knüpfen sich andere überaus wichtige in Bezug auf wirthschaftliche Fragen. Die Besoldung der Soldaten mußte für ihn, der in politischökonomischen Angelegenheiten besonders gern ein Wort mitzusprechen liebte, ein Hauptgegenstand des Nachdenkens sein. Wir haben Gelegenheit gehabt zu sehen, wie er ein Verständniß hatte für die große Bedeutung des Stücklohns. Es ist interessant, wie er die hierauf bezüglichen Principien auch für das Heerwesen in Anwendung zu bringen hofft. Es ist ein Versuch, die militärische Tüchtigkeit mit dem wirthschaftlichen Interesse eng zu verbinden, auf Grundlage des letztern die erstere zu entwickeln, der Indutrlosität auch hier Spielraum zu gestatten und aus den Soldaten Speculanten zu machen. Es ist ein Grundzug seines Wesens, dem wir hier begegnen. Er schreibt an Golowin:

„Wenn es dem Zaren so gefällt, so wird er, glaube ich, befehlen, den Soldaten verschiedenen Lohn zu geben. Den guten Schützen kann man zu ihrem frühern Gehalt 1—2 Rubel zulegen. Wer ein bewegliches Ziel zu treffen im Stande ist, der kann noch fernere Zulage erhalten, und noch mehr verdient derjenige, welcher ein ganz kleines Ziel, so groß wie ein Ei, zu treffen vermag. Da werden viele schießen lernen, und die Officiere werden niemanden aus bloßer Protection einen höhern Sold auswirken können. Jeder wird nach seinem Verdienste belohnt werden. Und wenn man den besten Schützen hohen Lohn giebt, werden Viele, welche schießen können, selbst Leute aus guten Häusern, in den Soldatenstand treten. Manche Söhne aus Bojarenhäusern und reichen Familien werden in die Reiterei eintreten und viele aus andern Ständen werden sich zum Dragonerdienste melden."

Ebenso forderte er zwei Jahrzehnte später Peter den Großen auf, den guten Soldaten höhern Sold zu geben. Während der gewöhnliche Soldat 16 Rubel erhält, soll derjenige, welcher in einer Entfernung von 20 Faden eine Mütze trifft, 20 Rubel empfangen, damit Alle sich Mühe geben. Und wer in derselben Entfernung sogar ein bewegliches Ziel zu treffen vermag, muß 15 Rubel Sold erhalten."

Durchaus modern-oppositionell ist die ungestüme Forderung Pososchkows, den Soldaten überhaupt höhern Lohn zu geben. In großer Entrüstung hebt er die wirthschaftlichen Uebelstände bei dem Heerwesen hervor, und ist auch hier ganz auf seinem Gebiete. Er schreibt an Peter den Großen:

„Wenn die Soldaten nicht genug zu essen haben, so wird ihr Dienst schlecht sein. Es geht das Gerücht, als gebe man manchen Soldaten nicht einmal 30 Kopeken monatlichen Sold und ich glaube, daß niemand über solche Kargheit an den Kaiser berichtet. Ich glaube, man berichtet an den Kaiser immer nur, daß Alle satt und durchaus zufrieden seien. Vor etwa 6—7 Jahren geschah es in Wyschnywolotschok, daß ein neuausgehobener Soldat nach allen Abzügen für den ganzen Monat 20 Kopeken erhielt. Er empfing das Geld, nahm ein Messer heraus und schnitt sich den Bauch auf. Und das ist ja wohl klar, daß dies nicht aus übergroßer Freude am Leben geschehen ist, sondern aus Verzweiflung. Ueber die Ursache dieses

Selbstmordes, werden, meine ich, die Commandeurs Sr. Kaiserlichen Majestät gewiß keine Mittheilungen gemacht haben; sie werden darüber geschwiegen haben, daß er wegen allzukargen Lohnes so gehandelt habe."

„Der niedrige Sold thut dem Dienste großen Schaden, denn der Hungernde wird vorziehen, statt den Feind zu verfolgen und über Hecken und Zäune zu springen, an Stroh zu nagen. Ein Hungernder ist einem Espenblatte zu vergleichen, vom leichtesten Winde wird er bewegt: der Hungernde thut schlechte Arbeit und schlechten Dienst. Ich habe ausdrücklich von Soldaten äußern hören, daß sie froh sind zu sterben: wie können Solche guten Dienst thun, wenn sie nicht wünschen den Feind zu tödten, sondern lieber selbst getödtet zu werden und hoffen statt der hiesigen Erdennoth im Jenseits Ruhe zu finden."

„Man muß die Krieger schonen, daß sie weder an Nahrung noch an Kleidung Mangel leiden. Man hört oft sagen, daß ihnen monatlich keine 30 Kopeken ausbezahlt werden; wie sollen sie davon leben? einen Pelz und andere Bedürfnisse und das Essen dafür kaufen? Wenn sie so arm sind, wie sollen sie da nicht stehlen und nicht desertiren? Die Noth zwingt dazu, und Mancher wird sogar zum Verrath bereit sein. Sowohl im Quartier, als im Felde, muß man sie gut halten, damit sie gerne dienen. Wenn sie mit allem zufrieden sind, werden sie besser ihren Dienst versehen. Es ist, scheint mir, unbillig den Deutschen darin nachzuahmen, daß man den Soldaten oder Dragonern eine Uniform giebt und dann ihnen dieselbe von dem Monatssolde in Abzug bringt. Wie sollen sie dabei nicht Mangel leiden? Sie haben monatlich nur 90 Kopeken Sold, und nach diesem Abzuge erhalten sie 30 Kopeken oder weniger, und aus dieser kleinen Summe sollen sie den Pelz und die Mütze und die Fausthandschuhe und Strümpfe oder Fußlappen bestreiten. Mir scheint, man muß sowohl diese Abzüge abstellen, als auch 10 Kopeken monatlich Zulage geben, damit die Soldaten ihre Bedürfnisse befriedigen können und freudiger und eifriger dienen."

„Wahrhaftig, ich habe es gesehen, wie in Petersburg ein Soldat erst in der letzten Woche der Fleischessenszeit (vor den Fasten) Fleisch kaufte. Er bemerkte dazu, ob es nicht arg sei, daß er die ganze Fleischessenszeit hindurch nur trocknes Brot gegessen habe. Wenn nun die Soldaten im Felde auch solchen Mangel leiden, dann freilich ist ihr Dienst schwer. Hungernde und frierende Soldaten, die da ganz gebeugt einhergehen, sind schlechte Krieger: sie dienen und heulen dazu."

Das sind Fragen, welche in neuester Zeit von der Statistik und der Nationalökonomie in den Vordergrund gestellt wurden, Fragen von um so größerer Bedeutung, als es sich bei den gewaltigen Dimensionen der stehenden Heere um Millionen von Menschen handelt, die in einem künstlich erzeugten Proletariat leben. Schulz-Bodmer nennt das System der stehenden Heere „ein in die Form des Gesetzes gekleidetes System des täglichen Raubes" und zwar eben darum, weil der Soldat als solcher an der wirthschaftlichen Thätigkeit, welche er sonst ausüben würde, verhindert ist, in den kräftigsten Jahren schlecht genährt wird und einer größern Sterblichkeit ausgesetzt ist. Man ist geneigt anzunehmen, daß in Friedenszeiten die Sterblichkeit beim Militair geringer sein müsse, als im Civilstande, weil die Ausgehobenen eine Verpflegung, zumal Nahrung, Kleidung und Wohnung fänden, weit besser als in den ärmlichen Verhältnissen der Meisten zu Hause und ohne übermäßige Arbeit. Gleichwohl ist die Sterblichkeit im Militär wenigstens um die Hälfte größer, zuweilen noch einmal so groß, als unter den Männern im gleichen Alter im Civilstande. Die Veränderungen in den Lebens- und Nahrungsverhältnissen, die Verlockungen zu einem in gewissen Beziehungen weniger geordneten Leben, das Zusammengedrängtsein in Schlafsälen, vielleicht selbst Mangel an jeder Arbeit in der gewohnten Weise, mögen am meisten zu den ungünstigen Resultaten beitragen. Selbst in England, wo der Soldat der bestbezahlte und in der Regel der bestgenährte in Europa ist, sehen wir in der Armee eine beträchtlich größere Sterblichkeit als in den ungesundesten Fabrikstädten. Die Sterblichkeit in der französischen Armee ist fast noch einmal so groß als im gleichen Alter in den übrigen Ständen und es ist nur der kürzern Dienstzeit in Preußen zuzuschreiben, wenn die Sterblichkeit des Militairs dort die der übrigen Stände nur sehr wenig übersteigt. Wenn wir in Oesterreich im Jahre 1854 allein 1414 Fälle von Selbstverstümmelung constatirt sehen, so dürfen wir nicht sowohl glauben, daß dieselben aus Furcht vor dem Kriege sich ereigneten, als vielmehr um dem Kasernendienste zu entgehen. Wenigstens wird eine solche Behauptung durch den Umstand unterstützt, daß im Kriegsjahre 1859 die Zahl der Freiwilligen stieg. Daß der gemeine Soldat unter besonders ungünstigen Verhältnissen existirt, ist schon aus der Vergleichung klar, daß, während von 1000 Unterofficieren jährlich 10 starben, auf 1000 Gemeine 22 Sterbefälle zu rechnen sind und wenn wir erfahren, daß in einer einzigen Kaserne in Wien in einer Woche 7 Selbstmorde vorkamen, so ersehen wir daraus, daß jene von Pofsoschkow vor anderthalb Jahrhunderten gerügten Uebelstände noch bestehen.*) Pofsoschkow wirft sich zum Vertreter der Interessen einer zahlreichen Menschenklasse auf: es ist Tribunenartiges in ihm. Er hat die Klage darüber, daß den Soldaten von ihrem kargen Lohne noch der Betrag für ihre Uniform in Abzug gebracht wird, mit dem berühmten Agitator und Reformer Cajus Gracchus gemein, in dessen lex militaria derselbe u. A. verlangte, daß den Soldaten die Kleidung deren Betrag bisher ihnen vom Solde gekürzt worden war, fortan vom Staate unentgeltlich geliefert werden sollte.**) Er bespricht zugleich, freilich in sehr populärer Form, Wahrheiten der Socialphysiologie, wie sie in unseren Tagen sehr oft der Gegenstand parlamentarischer Debatten zu sein pflegen.

Der Wunsch Pofsoschkow's durch höhern Sold Viele zum Eintritt in den Kriegsdienst zu veranlassen, läßt fast vermuthen, er hätte für die Heeresorganisation das Werbesystem im Auge gehabt. Dies darf man jedoch nicht glauben. Er will, daß der Staat über die Wehrkraft seiner Angehörigen verfügen dürfe, daß Kriegsfrohnden geleistet werden u. dgl. m. Er schreibt:

„Man muß Bauern für sonstige Arbeiten beim Heere verwenden, und bei Beendigung des Dienstes nach Hause schicken. Die tüchtigen Soldaten aber sollen immer unter Waffen stehen: damit sie nicht bei der Erdarbeit sich erschöpfen und matt werden, sondern immer tapfer seien und zum Kampfe bereit. Wenn Einer mit gemeiner Arbeit sich abmüht, so ist er am andern Tage kein guter Soldat. Der gute Schütze muß wöchentlich ein Paar Mal Uebungen anstellen, damit seine Hand fest sei und die Waffe sich nicht verliege. Wer gemeine Arbeit thut, dessen Hand zittert und er wird nicht treffen."

Also ein Protest gegen die gemischte Berufsart von Soldat, Landmann und Unternehmer, welche in früherer Zeit in Rußland bestanden hatte; ein Protest gegen das Institut der Landwehr überhaupt. Pofsoschkow will einen besondern Soldatenstand. Seine Ansicht ist der des preußischen Abgeordneten von Vincke vollkommen entgegengesetzt, welcher ausdrücklich behaup-

---

*) S. G. Fr. Kolb. Handbuch der vergleichenden Statistik, zweite Auflage 1860. S. 408, 18 u. A. und desselben kleine Broschüre: Die Nachtheile der stehenden Heere. 1862.

**) Mommsen, Römische Geschichte II S. 101. Daß in Rußland den Soldaten für die Montur der Sold gekürzt wurde ist u. A. zu ersehen aus der Verordnung vom 15. Mai 1712, Полное Собрание Законовъ Bd. IV. Nr. 2524.

tete: „Der Soldatenstand ist kein Stand; er ist nichts als ein Beruf, und zwar ein Beruf als Staatsbürger." Es mag dagegen der Mühe werth sein die vollkommene Uebereinstimmung Pososchkow's mit dem berühmten burlesken Kanzelredner und Barfüßer-Augustinermönch Abraham a Santa Clara zu betrachten. Der Letztere äußert sich ungefähr gleichzeitig mit Pososchkow in seiner Schrift „Auff, Auff ihr Christen, das ist Eine bewögliche Aufrischung der Christlichen Waffen wider den Türckischen Blut-Egel" u. A. folgendermaßen: „Ein unabgerichteter Soldat schickte sich zum Fechten, wie ein Sichel in ein Messerscheid: Ein Leinweber welcher erst heut vom Spuelen herkombt, solle morgen schon können mit der Piquen umbspringen? Ein Schneider, welcher erst heute vom schneidern herkombt, solle morgen schon wissen dem Feind ein Vortheil abzuschneiden? Ein Schnürmacher, der erst heute vom Spitz machen herkombt, soll morgen schon wissen dem Feind den Spitz zu zeigen? Ein Bauer, der erst heute von Saubohnen herkombt, soll morgen schon wissen mit Pistollen umbzugehen? Ein Müllner, der erst heut den Sack außgestaubet, soll morgen schon wissen, wie man muß den Feind in den Sack schieben? Ein Haderlumpner, der erst heut mit Fetzen umbgangen, soll morgen schon wissen drein zu schlagen, das Fetzen giebt? Ein Schuster, der erst heut das Leder mit den Zähnen zähret, soll morgen schon wissen, wie er muß vom Leder ziehen? Ein Paschi (Page), der erst heut einer Dama den Bücher-Sack in die Kirchen nachgetragen, soll morgen schon wissen, wie man soll den Fahn tragen? Alles diß glaub ich heute nicht, vielleicht auch morgen nicht; ein solcher unerfahrener Soldat ist einer Armee mehr schädlich als nützlich, denn pflegt in allen und jeden Feldschlachten nicht so woll die Menge, oder tolle ungeschickte Gefecht, als die Erfahrenheit und stätte Kriegs-Uebung den Sieg zu erhalten, denn die Kriegs-Erfahrung macht einen beherzten Muth, frisch daran zu gehen, in deme sich niemand dasjenige zu thun förchtet, was er weiß, daß er wohl gelehrnet hat; sintemalen der Sieg im Krieg durch wenige wollgeübte leichter erhalten wird, da im Gegentheil ein ungeschickter unangeführter größerer Hauff allezeit einbüßen und den Kürzeren ziehen muß." So die Ansichten Abraham a Santa Clara's, die mit denen Pososchkow's über die Nothwendigkeit einer Arbeitstheilung zwischen Bürger und Soldat durchaus übereinstimmen. Die neueste Zeit hat diese Fragen mit der größten Wärme wieder aufgenommen, und wir sehen da heftige Debatten und leidenschaftliche Controversen. Pososchkow spricht schon bei Gelegenheit des Handels darüber, die Stände dürften einander nicht ins Handwerk pfuschen, der Soldat müsse Soldat und der Kaufmann, Kaufmann sein; während heutzutage in Preußen, dem „Staate der Intelligenz" doch wohl der Sieg der „zweijährigen Dienstzeit" über die „dreijährige" bevorsteht. Ein Zeitgenosse Poffoschlow's, der berühmte Diplomat Lord Temple meint, nichts sei einander so entgegengesetzt, wie Soldaten und Kaufleute, der Soldat ziehe ein kurzes und lustiges Leben, der Kaufmann ein langes und mühevolles vor; der Eine spare kein Blut, der Andere keinen Schweiß zur Erreichung ihrer Zwecke; der Eine wolle erhalten und gewinnen, der Andere alles in die Schanze schlagen oder alles erobern, dieser verehre Ordnung und Gesetz, Jener Willkür und Zufall*) u. s. f.; und heutzutage genügen in der Schweiz 28 Tage zur Einübung der Rekruten der Infanterie und 35 Tage zur Einübung der Artilleristen und Scharfschützen**). Ein anderer Zeitgenosse Poffoschlow's, Pieter de la Court, der Verfasser der sogenannten „Memoiren de Witt's" meint, die Holländer dürften nie daran denken Soldaten sein zu wollen, eine Katze sei einem Löwen zwar ähnlich, bleibe aber immerhin eine Katze, und so bleiben die Kaufleute immer Kaufleute und können sich nie in Soldaten umwandeln***) — heutzutage begrüßt der bekannte Nationalökonom Wilhelm Roscher die allgemeine Militärpflicht als einen Fortschritt, als eine wohlthätige Beschränkung der Arbeitstheilung, weil es um einen Staat schlecht bestellt sei, wo nur die Soldaten Muth hätten†). Und wiederum; während der Verfall der griechischen Republiken im Alterthum, der italienischen im Mittelalter, der niederländischen in der Neuzeit eben jener allzu weit ausgedehnten Arbeitstheilung durch stehende Söldnerbanden zugeschrieben wird, behaupten Andere heutzutage, der Landwehrmann sei ein „halbschlächtiges Wesen" und tauge nicht zur Lösung einer Aufgabe, die weniger als irgend eine andere Halbheit vertragen kann, er werde den Soldatenrock anziehen, aber nicht den Charakter††). Ja selbst die Geschichte ist nicht im Stande gewesen entscheidend zur Lösung dieser Frage beizutragen, indem sie, wie in unsern Tagen so oft die Statistik, zum Arsenal dient, wo beide streitenden Parteien ihre Waffen holen zur Begründung ihrer socialphysiologischen Theoremen. Adam Smith weist hin auf eine der ersten stehenden Armeen, die

---
*) Temple Observations upon the United Provinces of the Netherlands 207, 208.
**) G. Kolb. Die Nachtheile des stehenden Heerwesens 1862.
***) Mémoire de Jean de Witt. Rotterdam 1709.
†) System der Nationalökonomie. I, S. 95.
††) Ein Wort über das Verhältniß unserer Landwehr. Berlin 1863 S. 14.

Armee Philipps von Macedonien; er schreibt ihr als stehender Armee den Sieg zu über die griechischen Freistaaten, der stehenden Armee Alexanders den Sieg in Asien. Der bekannte deutsche Nationalökonom Max Wirth meint, Hannibal habe die Römer bei Cannä wahrscheinlich nur dadurch besiegen können, daß diese seinem stehenden Heere nur eine Miliz entgegenzustellen gehabt hätten; er sei bei Zama besiegt worden, weil der größere Theil der karthaginensischen Armee aus Miliz bestand, und weil die Armee Scipio's durch die Uebung im Felde allmälig aus einer Miliz in ein stehendes Heer umgewandelt worden sei*). Dagegen führt der Statistiker Kolb entgegengesetzte Beispiele an, um die Vorzüge der Landwehr vor einem stehenden Heere zu veranschaulichen. Er behauptet, die anfänglichen Siege Napoleons über die Preußen im Jahre 1813 bei Lützen und Bautzen seien besonders dem Umstande zuzuschreiben, daß er mit mobilisirten Nationalgarden gegen die zum Theil alt preußische Armee focht, und daß die Niederlagen Napoleons da beginnen, wo sein altes Heer sich allmälig gesammelt hat und die Landwehr Preußens im Felde steht. Wie schlecht mit stehenden Heeren Krieg geführt wurde, zeigen u. A. ferner der Feldzug in der Champagne gegen die französische Revolution, der preußische Feldzug von 1806 mit den Schlachten von Jena und Auerstädt; wie großartig dagegen die gerade durch Landwehr oder Freischaaren errungenen Erfolge sein können, veranschaulichen die Befreiungskriege in Spanien, in Tyrol, der Feldzug Garibaldi's vom Jahre 1860 u. dgl. m**). So ist diese Frage von der Zweckmäßigkeit der Landwehr und der stehenden Heere auch heute noch offen. Wenn indessen Possoschkow vor anderthalb Jahrhunderten gerade den Uebergang von der Landwehr zum stehenden Heere gemacht zu sehen wünschte, so haben wenigstens die Erfolge gelehrt, wie Rußland, um seinen Gegnern als ein ebenbürtiger Feind gegenübertreten zu können mit den alten Traditionen brechen und ein stehendes Heer ins Feld stellen mußte. Aber allerdings war dieses mit großen Opfern für die Gesellschaft verbunden, und hatte vieles Unbehagen, viele Conflicte zwischen dem Soldatenstande und den Bürgern und Bauern zur Folge. Auch hier wie an anderen Orten hielt sich der Soldatenstand für bevorzugt und zu vielen Rohheiten und Excessen berechtigt. Auch hier mußte solch eine Spannung die bittersten Klagen hervorrufen. Bei dieser Gelegenheit sehen wir wiederum Possoschkow eine ganz moderne Stellung ein-

---

*) Wirth, Grundzüge der Nationalökonomie Bd. II, S. 16.
**) Kolb's Broschüre, die Nachtheile des stehenden Heerwesens. 1862.

nehmen. Er protestirt namentlich in seiner an den Kaiser gerichteten Schrift gegen alle brutalen Uebergriffe der Soldateska:

„Die Soldaten sollen ihre Landsleute nicht kränken und plündern, damit man für sie beten könne und sie nicht zu verfluchen brauche. Im Quartier sind Soldaten und Dragoner oft sehr unwirsch und fügen den Andern große Kränkungen zu, daß sich solche gar nicht aufzählen lassen; und die Officiere sind noch schlimmer: sie brennen Holz in der frechsten Weise, und wo es nicht genug Holz giebt, da hauen sie die Wälder um; und wenn jemand zu ihnen sagt: „Euch ist ja durch des Kaisers Gesetz befohlen Euer eigenes Holz zu brennen," da treiben sie es noch schlimmer. So sind denn Viele nicht froh Häuser zu besitzen, und bei Beleidigungen ist es ganz unmöglich Recht zu finden. Freilich ist das Kriegsgericht sehr streng, aber es ist schwer zu erreichen und namentlich der gemeine Mann ist zu weit davon entfernt."

Wir erinnern uns aus Possoschkow's Leben*), wie er selbst Gelegenheit hatte, von den Officieren Newelski und Porezki brutalisirt zu werden. Diese Fälle aus eigener Erfahrung ließen ihn beredte Klage darüber führen, darüber, daß es fast unmöglich sei Recht zu finden, es bleibe gar nicht Anderes übrig, als Gott zu klagen. Er schreibt:

„Wenn die Krieger, gemeine Soldaten und Dragoner die Gesetze Seiner Kaiserlichen Majestät halten, und ihre Rohheiten einstellen, — und wenn auch die Officiere gehorsam sein und den anderen Ständen in Liebe gegenüberstehen werden — wenn dem ganzen Heere die Kriegsgesetze geläufig sein werden, dann werden die Soldaten im Kampfe sein wie eine steinerne Mauer. Man muß gleiches Gericht einrichten für Privatleute und Officiere, dann werden die letzteren wider Willen ihre Frechheit ablegen und gegen die anderen Stände nachgiebiger sein und weder bei der Einquartierung noch auf Märschen Rohheiten verüben. Wenn ein Gericht ist für den Landmann und Kaufmann, für Reiche und Arme, für Soldaten und Officiere, und Obersten und Generale — und wenn das Gericht Jedem, auch dem Geringsten, leicht erreichbar ist, dem geringen Privatmann ebensogut wie dem gemeinen Soldaten — dann werden weder Officiere, noch Soldaten, noch Bauern gekränkt sein. Wenn sie das gerechte Gericht sehen, so werden sie mit allen Ständen liebevoll umgehen und bei

---

*) S. den zweiten Artikel über Iwan Possoschkow. Uebrigens suchte die Regierung den Civilstand vor den Uebergriffen der Soldateska zu schützen. S. z. B. II. C. 3° die Gesetze vom 18. Januar 1825.

der Einquartierung ganz zahm sein und nicht thun, was ihnen verboten ist, und die Verordnungen Seiner Kaiserlichen Majestät nicht verletzen. Diese Leute werden sich ganz verändern. Sie werden gegen alle Leute freundlich sein und man wird sie auch gern sehen. Das ist kein gerechtes Gericht, daß der geringe Privatmann gegen einen Soldaten bei den Soldaten Recht suchen muß und gegen einen Officieren bei den Officieren. Es ist ein altes Sprüchwort, daß eine Krähe der andern die Augen nicht aushacke. Das ist doch offenbar, daß der Soldat gegen den Soldaten nichts beginnen wird und daß die Officiere ihren Dienstgenossen nicht einmal den Soldaten, geschweige denn einem Privatmanne gegenüber bloßstellen werden und dgl. m."

So werden diese Klagen noch ferner ausgesponnen und aller Jammer durch einen privilegirten Soldatenstand, der ganze Fluch der Dragonaden, die ganze Kluft zwischen Civil und Militär tritt uns darin entgegen. Es ist dies eine der Sackgassen, in welche der moderne Staat sich verlaufen hat. Der Apparat desselben ist in seiner ganzen Unbequemlichkeit erst lange nach Possoschkow's Zeit hervorgetreten; aber daß schon er, der doch solche moderne Institutionen verfechten will, über diese Unbequemlichkeit klagt, ist wiederum bezeichnend für seine Stellung mitten inne zwischen Staat und Gesellschaft. Er protestirt gegen die Landwehr und will ein stehendes Heer und zugleich muß er selbst die Nachtheile einer solchen Theilung in Stände empfinden. So deutet er die wichtigsten Seiten der „Militärfrage" an.

Der berühmte österreichische Feldherr Montecuculi äußerte einmal, drei Dinge seien für den Krieg nöthig: erstens Geld, zweitens Geld und drittens wiederum Geld. Das ist die hervorragendste Seite der Militärfrage, weil eben nichts von so großer Wichtigkeit in den Staatsausgaben der neuern Zeit zu sein pflegt, als die Kosten der stehenden Heere. Die Land- und Seemacht der europäischen Staaten beträgt 37,22 Procent der Ausgaben überhaupt und stellt die fabelhafte Summe von jährlich 670 Millionen Thalern dar*). Daß diese Verhältnisse in Rußland zur Zeit Peters schon in ganz ähnlicher Weise bestanden, zeigt die finanz-statistische Notiz, daß, während der ganze Umsatz des Staatshaushalts im Jahre 1725 etwas über 10 Millionen Rubel betrug, über 6 Millionen Rubel davon allein auf das Militärbudget — Land- und Seemacht — kamen**). Heutzu-

---

*) Kolb, Handbuch der vergleichenden Statistik. 1860. S. 874.
**) Устрялов, Русская Исторiя. II, 92.

tage beträgt die Last des Militärbudgets in Preußen auf den Kopf 2 Thlr. 5 Silbergroschen*), damals in Rußland bei 14 Millionen Einwohnern**) ungefähr 50 Kopeken, was in Anbetracht der damaligen Steuerfähigkeit, der Geld- und Preisverhältnisse beträchtlicher ist. Es war nicht möglich, daß Possoschkow über das russische Heerwesen dachte und schrieb, ohne sich zugleich mit der finanziellen Seite dieser Frage zu beschäftigen. Er rechnete gern, und wie genau und sicher er rechnete, zeigen namentlich bei dieser Gelegenheit seine detaillirten Calculationen über die Kosten der verschiedenen Waffengattungen. Er spricht allerdings auch hier in seiner sparsamen Weise von Vermeidung unnöthiger Unkosten, aber im Ganzen ist sein Budget wie dasjenige Peters des Großen im großen Stile gehalten. Possoschkow sucht nachzuweisen, daß viele und schlechte Soldaten mehr Unkosten verursachen, auch wenn sie sehr geringen Sold erhalten, als wenige aber ausgezeichnete und sehr hoch besoldete. In seinen ins Einzelne gehenden Berechnungen berücksichtigt er den Sold sowohl in Geld als auch in Korn, wie dieses auch schon unter Alexei in Bezug auf die Strelzy gebräuchlich war. Er kennt die Preise der Waffen, des Pulvers, der Kugeln, die Kosten des Unterhalts der Pferde bei der Reiterei. Er berechnet die Unkosten einer aus

20,000 Mann Fußvolk (Scharfschützen),
20,000 Mann Soldaten mit Lanzen (копейные солдаты),
20,000 Arbeitern,
10,000 Reitern
10,000 Lanciers und Armbrustschützen

bestehenden Armee auf etwa 3½ Millionen Rubel, wobei indessen nur ein Theil des Unterhalts in Rechnung gebracht zu sein scheint.

Friedrich der Große äußerte von seiner Armee: die Welt ruhe nicht sicherer auf den Schultern des Atlas, als der preußische Staat auf denen seines Heeres. Ganz ähnlich betrachtet Possoschkow das russische Heerwesen und die darin vorzunehmenden Reformen als Hauptbedingung für die Sicherheit Rußlands von außen her und seine Machtstellung nach außen hin. Und es war so: wollte Rußland in die Reihe der europäischen Staaten eintreten, sich wie ein Keil in das Innere Europa's hineindrängen, wie dieses allmälig später geschehen ist, wollte Rußland nach dem Osten hin Schutz haben gegen die ebbenden und fluthenden asiatischen Völker

---

*) Was wir wissen müssen. l. c. S. 40.
**) Горловъ, Статистика Россiи. S. 50.

und weiteres Vordringen in der orientalischen Frage, so konnte es am allerwenigsten des Heerwesens entbehren, dieses überaus wichtigen Theiles des Apparates moderner Staaten. Monarchien, die eben erst im Aufblühen begriffen sind, Schweden zur Zeit Gustav Adolfs, Preußen zur Zeit Friedrichs des Großen, müssen wie der letztere gesagt hat, "toujours en vedette" sein und dazu bedarf es der materiellen Macht, der militärischen Ebenbürtigkeit. So dachten Peter der Große und Jwan Pososchkow, welcher letztere seine Betrachtungen über das Heerwesen, wie er oft zu thun pflegt, in etwas salbungsvoller Weise schließt:

„Wenn der Zar sich tüchtige tapfere Krieger auswählt und einübt, wie ich vorgeschrieben habe, oder wie Gott es dem Zaren eingeben wird, dann wird unsere Schande von uns genommen werden und man wird uns achten und im Kriege fürchten. Und wenn ein solches Heer gewählt und eingeübt ist, da wäre es wohl gut, diese Krieger auch in der Hauptsache zu unterrichten: daß sie in ihrem Herzen stets Gottesfurcht haben. Auch die heilige Schrift gebietet den Soldaten ein heiliges und reines Leben zu führen, denn ein Krieger muß jeden Augenblick zu sterben und vor dem höchsten Richterstuhle zu erscheinen bereit sein. Der Krieger soll sich schlechter Worte und Werke enthalten und zu Gott beten und Gelübde thun; nicht unreine Worte reden und schlimme Thaten vollführen. Und wenn Gott zu den guten Waffen und dem guten Kriegsgeräth und der Tüchtigkeit und Geübtheit auch dieses geistliche Gut giebt, so ist es klar, daß Gott uns mit seinem Auge gnädig anschauen wird; und mit der Gnade und dem Schutze Gottes werden unsere Krieger allen Staaten furchtbar sein und obgleich sie selbst nicht zahlreich sind, Feinde in großer Menge erlegen."

A. Brückner.

(Separatabdruck aus dem 1. Hefte des VII. Bandes der Baltischen Monatsschrift.)

Von der Censur genehmigt.
Riga, am 15. Februar 1863.

Druck der Livländischen Gouvernements-Typographie.